몰입의 즐거움

# 몰입의 즐거움

미하이 칙센트미하이 지음

이희재 옮김

해냄

차례

# 1

## 일상의 구조

참다운 삶을 바라는 사람은 주저 말고 나서라.

싫으면 그뿐이지만, 그럼 묏자리나 보러 다니든가. _ 오든

오든의 시는 이 책의 핵심을 정확히 짚어내고 있다. 우리가 선택할 수 있는 길은 많지 않다. 지금 이 순간과, 언젠가 불가피하게 맞이할 임종의 순간 사이에서, 살아가는 길을 택하든가 죽어가는 길을 택하든가 둘 중 하나일 뿐이다. 몸에 필요한 영양소가 제대로 공급되는 한 삶은 끊어지지 않지만, 여기서 오든이 말하는 삶은 노력 없이 저절로 이루어지지 않는다. 이런 삶을 방해하는 힘은 사방에 널려 있다. 자칫 마음을 놓았다가는 거기에 놀아나기 십상이다. 생물은 몸에 박힌 유전 물질을 본능적으로 어떻게 해서든 퍼뜨리려고 애쓴다. 문화는 인간이라는 생명체를 통

해 자신의 가치관과 제도를 널리 전파하려고 한다. 타인들은 자꾸 나를 누르고 주도권을 쥐려고 한다. 나야 어떻게 되건 말건 관심을 기울이지 않는다. 우리는 살아가면서 누군가로부터 도움을 받을 수 있으리라는 기대를 버려야 한다. 삶의 길은 스스로 발견해야 한다.

그런데 여기서 말하는 '삶'이란 무엇일까? 분명히 한낱 생물체로서의 생존은 아닐 것이다. 그것은 아까운 시간과 재능을 허비하지 않고 나만의 개성을 한껏 발휘하면서 복잡다단한 이 세상과 살을 맞대고 살아가는 충만한 생활을 뜻하는 말이리라. 나는 이 책에서 현대 심리학이 알아낸 성과와 내가 연구한 내용에 바탕을 두면서도, 선인들이 후세에 남긴 뜻깊은 지혜를 고루 동원하여 바람직한 삶의 길을 찾아 나설 작정이다.

"바람직한 삶은 어떤 것인가?" 나는 다시 한 번 겸허하게 묻고 싶다. 그러나 예언자나 신비주의자처럼 말할 생각은 없다. 하루하루 살아가면서 우리가 맞닥뜨리는 평범한 사건들, 즉 일상생활에 초점을 맞추면서 구체적으로 피부에 와닿는 예를 들기 위해 애쓰고 싶다.

바람직한 삶이 어떤 것인지를 알려면 구체적인 데서 출발하는 게 좋을 듯하다. 여러 해 전에 나는 학생들을 데리고 기관차 공장을 견학했다. 격납고처럼 거대한 중앙 공장은 어찌나 먼지가 많고 시끄럽던지 고래고래 악을 써야 겨우 말소리가 들릴 정도였다. 그곳에서 일하는 용접공들의 대다수는 자기가 하는 일에 애정이 없었고 시계만 보면서 빨리 퇴근 시간이 오기를 기다렸다. 그리고 일단 공장 문을 나서면 근처 술집으로 우르르 몰려갔다.

좀 더 적극적인 행동파들은 아예 자동차를 몰고 드라이브에 나섰다.

그런데 안 그런 사람이 한 명 있었다. 그는 조라는 이름의 60대 초반 남자였는데, 크레인이면 크레인, 컴퓨터 모니터면 모니터, 그 공장 안에 있는 기계 설비의 구조를 모조리 독학으로 꿰뚫은 사람이었다. 그는 못 고치는 기계가 없었다. 고장 난 기계를 붙들고 말썽의 원인을 밝혀내어 기어이 수리해야 직성이 풀리는 사람이었다. 집에서도 가만히 있는 법이 없었다. 집 부근에 있는 자투리땅에도 부인과 함께 멋진 분수를 만들었다. 분수에서 뿜어나오는 뽀얀 물보라는 밤마다 장관을 연출했다. 같은 공장에서 일하는 용접공들은 희한한 양반이라고 혀를 차면서도 모두들 조를 존경했다. 문제가 생기면 누구나 조에게 먼저 달려갔다. 직원들은 그가 없으면 공장 문을 닫아야 할 판이라고 이구동성으로 말했다.

나는 그동안 대기업 총수, 유력 정치인, 노벨상 수상자처럼 자기 분야에서 한가락 한다는 인물을 수없이 만났지만 가장 기억에 남는 사람은 조다. 무엇이 평범한 한 사람의 인생을 이토록 값지게 만드는 것일까? 나는 그 답을 알아내고 싶었다. 이 책에는 중요한 전제가 세 가지 깔려 있다. 첫째, 중요한 진리는 이미 오래전에 뛰어난 예언자, 시인, 철학자가 말했고 그것은 지금도 우리네 인생의 지침으로서 요긴하다는 사실이다. 그러나 선각자들이 깨달은 진리는 옛날식으로 표현되었으므로 후대의 시각으로 그 안에 깃든 의미를 늘 재음미하고 재해석해야 생명력이 사라지지 않는다. 유대교, 기독교, 이슬람교, 불교, 힌두교의 성전(聖典)에는 선인들이 중요하게 여겼던 사유의 결실이 풍부하게 담겨 있으므로, 이를 무시하는 것은 어리석기 그지없는 일이다. 그러나 과거의 글은 절대 불변의 영원한 진리를 담고 있다고 맹신하는 자세에도 문제는 있다.

이 책에 깔린 또 하나의 전제는 지금 인류에게 가장 중요한 정보가 주로 과학에서 나오고 있다는 것이다. 과학에서 통용되는 진리는 어차피 당대의 세계관이 반영된 언어로 표현되게 마련이어서 세월이 흐르면 그 뜻이 달라지고 결국은 폐기되는 일도 적지 않다. 고대의 신화처럼 현대의 과학에도 숱한 오해와 미신이 스며들어 있지만, 그것을 간파하기에는 우리는 현대의 과학과 너무 가까운 거리에 있다. 우리를 진리의 세계로 인도하는 건 복잡한 이론이나 실험이 아니라 초능력이나 심령술인지도 모른다. 하지만 지름길은 위험하다. 우리가 도달한 지식의 높이를 과장한 나머지 착각에 빠져서는 곤란하다. 좋든 싫든 간에 현재로서는 과학이 현실을 담아내는 가장 신뢰할 만 한 거울이다. 과학을 무시하려는 발상은 위험천만하다.

마지막 전제는 '삶'의 뜻을 진정으로 이해하려면 선인들의 지혜에 귀 기울이는 한편 그 지혜를 과학이 꾸준히 축적해온 앎과 접맥시켜야 한다는 것이다. 자연으로 돌아가라는 루소의 부르짖음은 훗날 프로이트가 주장하는 내용과도 일맥상통하지만, 이런 구호는 인간 본성에 대한 이해 없이는 공염불에 불과하다. 희망은 과거에서 오지 않는다. 그렇다고 현재에서 솟아오르는 것도 아니다. 또 가상의 미래로 뛰어본들 우리의 처지는 달라지지 않는다. 과거의 사실과 미래의 가능성을 현재의 시점에서 이해하려고 꾸준히 노력할 때 비로소 우리는 삶의 길을 깨달을 수 있다.

그러므로 이 책에서 말하는 '삶'은 아침부터 밤까지, 월요일부터 일요일까지, 이제는 기본이 100년, 아주 행운아라면 그보다 더 긴 세월 동안 우리가 경험하는 모두를 뜻한다. 우리에게 낯익은 신화와 종교의 장대한 구도와 비교할 때 이것은 옹색한 발상으로 보일 수도 있다. 하지만 파스칼의 유명한 잠언대로, 의심스러울 때 우리가 취할 수 있는 최고의 전략은 태어난 세상이 우리가 우주를 경험할 수 있는 유일무이한 기회라고 가정하고, 그 시간을 최대한으로 활용하는 것이 아니겠는가. 그렇지 않고 허송세월만 할 경우 우리는 모든 것을 잃게 된다. 반대로 우리의 예상이 빗나가 죽음 너머에 또 다른 삶이 있다 하더라도 우리로서는 전혀 잃을 것이 없다.

모름지기 삶이란 우리 몸 안에서 벌어지는 화학 작용, 신체 기관 사이의 상호 작용, 뇌의 신경세포 사이를 오가는 미세한 전류, 문화가 우리의 정신에 부과하는 정보 체계에 의해 주로 규정된다. 그러나 삶의 구체적 질감, 즉 우리가 어떤 일을 하고 그 일에 대하여 어떤 느낌을 갖게 되느냐는 우리의 생각과 감정에 따라서, 화학적, 생물학적, 사회적 과정을 어떻게 해석하는가에 따라서 크게 달라진다. 철학의 한 갈래인 현상학은 마음을 가로지르는 의식의 흐름을 연구하는 학문이다. 삶이란 무엇인가 하는 물음, 그리고 이것보다 한층 절박하게 다가오는 질문, 다시 말해서 어떻게 하면 한 사람 한 사람이 훌륭한 삶을 살 수 있을까 하는 의문에 답하기 위하여, 나는 지난 30년 동안 주로 심리학, 사회학 같은 사회과학을 수단으로 삼아 체계적 현상학을 발전시키는 데 아낌없는 노력을 기울였다.

그런데 이런 물음에 답하기 전에 선결되어야 하는 과제는 우리의 경험에 틀을 부여하는 힘이 과연 무엇인지를 정확히 파악하는 것이다. 원하든 원하지 않든 우리는 모두 일정한 한계 안에서만 행동하고 느낄 수 있다. 이 한계선을 무시하는 사람은 결국 좌초하고 만다. 남부끄럽지 않은 삶을 이루어가기 위해서는 아무리 부담스럽고 암울해 보일지라도 먼저 일상의 현실을 제대로 이해해야 한다. 고대 신화를 보라. 행복, 사랑, 영생의 길을 갈망하는 사람은 먼저 저승 세계를 여행하지 않으면 안 된다. 단테는 지옥의 소름 끼치는 세계를 구석구석 거치면서 인간이 천당의 문으로 왜 못 들어가는지를 절절히 깨달은 연후에야 비로소 천국의 휘황찬란한 세계를 누릴 수 있었다. 우리가 지금부터 다루려는 세속적인 물음에도 같은 이치가 적용된다.

아프리카 평원에서 사는 개코원숭이는 일생의 3분의 1을 잠자는 데 쏟아붓는다. 깨어 있는 시간은 돌아다니기, 먹이를 구하고 먹기, 자유롭게 놀기로 3등분된다. 놀이라고 해야 장난을 치거나 털을 고르거나 서로 이를 잡아주면서 시간을 때우는 것이다. 우리가 보기엔 참으로 무미건조한 생활이지만 인간이 공통의 유인원 조상으로부터 진화해온 수백만 년 동안 사정은 별반 다르지 않았다. 우리가 삶을 꾸려가는 데 필요한 조건을 충족시키기 위해 시간을 투자하는 방식도 아프리카의 개코원숭이와 별로 다르지 않다. 사람에 따라서 두어 시간 정도의 차이야 있겠지만, 우리는 하루의 3분의 1을 잠자는 데 쓰고 개코원숭이처럼 나머지 시간을 쪼개서 일하고 돌아다니고 쉰다. 역사가 르 로이 라뒤리의 보고에 따르면 13세기에 당시로선 가장 앞선 축에 들어갔다는 프랑스 마을에서도 가장 흔한 소일거리는 마을 사람들이 한데 모여앉아 서로의 머리카락에서 이를 잡아주는 일이었다. 지금의 우리에게는 물론 TV가 있지만 말이다.

휴식, 생산, 소비, 교제의 순환처럼 우리네 삶의 경험 세계를 이루는 또 하나의 영역이 있다. 그것은 보기, 듣기 같은 감각의 장이다. 사람의 신경계는 한순간에 아주 적은 양의 정보만을 처리할 수 있으므로 우리는 외부 사건을 하나씩 순차적으로 경험하게 된다. '부자도 바지를 벗을 때는 한 다리씩 빼는 법'이라는 속담도 있지 않은가. 우리는 한 번에 한 입을 베어 먹고, 한 번에 한 노래를 듣고, 한 번에 한 신문을 읽고, 한 번에 한 사람하고만 대화를 나눌 수 있다. 그러므로 우리가 세상을 접할 때 쏟아부을 수 있는 에너지의 포화점, 곧 주의 집중의 절대적 상한선 안에서만 우리의 인생은 전개된다. 시대가 변하고 문화가 달라도 사람들이 시간을 어디에 얼마나 쓰는지는 놀라우리만큼 비슷하다.

앞에서 모든 삶은 몇 가지 중요한 점에서 비슷하다고 말했지만 명백한 차이점이 있다는 사실 또한 간과할 수 없다. 뉴욕의 주식 중개인, 중국의 농부, 아프리카 칼라하리 사막의 원주민이 살아가는 방식은 언뜻 보면 공통점이 전혀 없는 듯하다. 역사가 나탈리 즈몽 다비와 아를레트 파주는 16세기에서 18세기 사이의 유럽사를 서술하면서 다음과 같이 지적한다. "하루하루의 생활이 영속적인 성적, 사회적 위계질서의 틀 안에서 전개되었다." 우리가 알고 있는 모든 사회 집단에도 이 말은 들어맞는다. 사람이 어떻게 살아가는가는 대체로 성, 연령, 신분이 좌우된다.

우연한 출생으로 사람은 일평생 겪을 수 있는 경험이 제각각 다른 구멍 안으로 들어가게 된다. 지금으로부터 200년 전, 영국의 공장 지대에 있는 가난한 가정에서 태어난 예닐곱 살 먹은 소년은 아침 5시면 일어나 공장으로 달려가서 해 질 녘까지 일주일에 꼬박 엿새를 철커덕거리는 직조기 앞에 붙어 있어야 할 확률이 높았다. 그런 아이는 사춘기로 접어들기도 전에 과로로 사망하는 일이 많았다. 비슷한 시기에 프랑스의 견직 공장 지대에서 살던 열두 살배기 소녀는 온종일 커다란 물통을 앞에 두고 실을 엉기게 하는 끈적끈적한 물질을 녹이기 위하여 뜨거운 물에다 누에고치를 담는 중노동에 시달려야 했다. 꼭두새벽부터 밤늦게까지 물에 흥건히 젖은 옷을 입고 지내다 보면 호흡기 질환에 걸리기 일쑤였고, 손가락 끝을 하도 뜨거운 물에 넣었다 뺐다 하는 바람에 나중에는 감각을 잃어버리기 십상이었다. 그 시각에 귀족 자녀는 무도회에서 사교춤을 배우고 외국어를 공부했다.

인생에서 부여받은 기회의 차이는 아직도 엄연히 존재한다. 미국의 대도시 빈민가에서 태어난 아이가 평생 살아가면서 과연 어떤 경험을 하리라고 기대할 수 있을까? 미국 교외의 넉넉한 가정이나 스웨덴의 유복한 가정에서 태어난 아이가 기대할 수 있는 삶의 질과 빈민가에서 태어난 아이가 기대할 수 있는 삶의 질은 얼마나 다를까? 불행하게도 인생은 공평하지 않다. 어떤 사람은 입에 풀칠하기도 힘든 가정에서 설상가상으로 선천성 장애를 안고 태어나는가 하면, 어떤 사람은 어마어마한 재산을 가진 집에서 준수한 외모에 건강한 신체를 가지고 태어난다.

엇비슷한 제한 요소들이 만인의 삶을 규정하는 것도 사실이고, 누구나 쉬고 먹고 어울리며 최소한의 노동을 해야 한다는 공통점이 있는 것도 사실이지만, 경험의 내용을 판이하게 만드는 사회적 범주로 인간이 구분된다는 것도 부인 못 할 사실이다. 문제가 더욱 복잡해지는 것은 사람마다 개성이 있기 때문이다.

겨울에 창밖을 바라보면 흩날리는 눈송이가 모두 똑같아 보인다. 하지만 돋보기로 하나하나 자세히 뜯어보면 눈송이가 저마다 다르다는 걸 알 수 있다. 하나의 눈송이는 어떤 눈송이와도 모양이 같지 않다. 사람도 마찬가지다. 우리는 한 사람이 인간이라는 사실만으로도 그가 어떤 경험을 하게 될지 대충은 예상할 수 있다. 만일 그가 미국 어느 지역의 어떤 부모 밑에서 태어났는지 알면 우리가 그 사람에 대해서 짐작할 수 있는 내용은 더 많아진다. 하지만 모든 정보를 알고 있고 모든 외적 변수를 파악했다 하더라도 한 개인의 삶이 어떻게 흘러갈지 정확히 예측하기는 어렵다. 우연히 터진 사건이 한 사람의 진로를 엉뚱한 방향으로 바꾸어놓는 경우도 있지만 더 중요한 것은, 사람은 모처럼 굴러 들어온 복을 걷어차는 결정을 내릴 수도 있고 반대로 불우한 환경을 극복할 수도 있는데, 바로 이것을 가능케 하는 것이 마음이고 그 마음은 누구에게나 있다는 사실이다.

이 책에 의미가 있다면 그것은 인간의 의식에 유연성이 있기 때문이다. 만사가 인간 공통의 조건, 사회적, 문화적 범주라든가 우연성에 의해 결정된다면 삶을 개선할 수 있는 길이 무엇인가를 성찰한다는 것은 부질없는 노릇이리라. 다행히도 개인이 주도적으로 선택하여 현실을 바꾸어놓을 수 있는 여지는 얼마든지 있다. 운명의 굴레를 박차고 나설 수 있는 가능성이 가장 높은 사람은 바로 이런 믿음을 가진 이들이다.

삶은 행동하고 느끼고 생각하는 것, 다시 말해서 경험이다. 그런데 경험은 시간 속에서 이루어지므로 시간은 아주 귀중한 자산이다. 세월의 흐름 속에서 삶의 질을 결정하는 것은 경험의 내용이다. 그러므로 자신의 시간을 어떻게 할당하고 투자할 것인가를 지혜롭게 결정하는 것은 누구에게나 중요하다. 물론 시간 투자가 우리 마음대로 결정할 수 있는 문제는 아니다. 앞에서 보았듯이 우리는 인류의 일원이다. 다시 말해서 특정한 문화나 사회의 성원이기에 반드시 따르지 않으면 안 될 엄격한 제약 조건이 있다. 그러나 개인이 선택할 수 있는 공간은 어느 정도 열려 있고 그 속에서 시간을 배분할 수 있다. 역사가 E. P. 톰슨이 지적한 대로, 산업혁명의 폭압성이 극에 달하여 노동자들이 일주일에 여든 시간을 광산이나 공장에서 노예처럼 죽도록 일해야 했던 시대에도, 어떤 노동자들은 동료들처럼 선술집으로 몰려가지 않고 금싸라기 같은 휴식 시간을 문학 작품을 읽거나 정치활동을 하는 데 썼다.

우리가 시간을 묘사할 때 쓰는 예산, 투자, 할당, 지출 같은 용어는 재무 분야에서 빌려온 것이다. 혹자는 그래서 시간에 대한 우리 태도에는 편협한 자본주의의 색채가 짙게 배어 있다고 주장한다. "시간은 돈"이라고 즐겨 말한 사람이 자본주의의 위대한 변호가였던 벤저민 프랭클린이긴 하지만, 돈과 시간을 같게 보는 관점은 그보다 훨씬 오래되었다. 그것은 자본주의 문화만이 아니라 인류 공동의 경험에 뿌리를 두고 있다. 그래서 돈이 시간의 가치를 낳는 것이 아니라 시간이 돈의 가치를 낳는다는 말이 인구에 회자되지 않는가. 무엇을 하거나 만드는 데 들어가는 시간을 측정하는 잣대 노릇을 하는 것이 바로 돈이다. 우리가 돈을 높이 평가하는 이유는 그것이 우리가 원하는 활동을 마음대로 할 수 있는 자유로운 시간을 주어 삶의 제약에서 우리를 어느 정도 해방시키기 때문이다.

그렇다면 사람들은 시간을 어떻게 활용하고 있을까? '표 1'은 우리가 눈을 뜨고 깨어 있는 동안 하루 열여섯 시간 안팎의 시간을 어떻게 쓰고 있는지 그 대강의 윤곽을 보여준다. 여기에 인용된 수치는 근사치일 수밖에 없다. 그 사람이 청년인가 노인인가, 남자인가 여자인가, 부자인가 가난한가에 따라 시간을 쓰는 방식이 크게 다르기 때문이다. 그러나 이 표에 나오는 숫자는 우리 사회에서 평범한 개인이 보내는 하루의 일상을 보여주는 밑그림 역할을 웬만큼은 할 수 있을 것이다. 다른 선진 공업국에서 나온 시간 배분에 대한 통계 수치 역시 '표 1'의 결과와 여러 가지 점에서 아주 유사하다.

하루에 우리가 보통 하는 일은 크게 셋으로 나눌 수 있다. 가장 중요하고 비중이 큰 일은 생존과 안전에 필요한 에너지를 만들기 위하여 하는 활동이나 오늘날 이것은 '돈벌이'와 거의 같은 의미를 지니는데, 그것은 돈이 웬만한 물건은 모두 구입할 수 있는 교환의 매개물이 되었기 때문이다. 아직 학교에 다니는 연령

층에게는 공부가 성인의 취업 활동에 해당한다. 공부는 취업으로 이어지기 때문이다.

**표1** 시간은 어디로 가는가?

이 표는 최근 미국에서 성인과 10대를 대상으로 하루 일과를 연구 조사한 결과다. 연령과 남녀, 사회적 지위와 개인적 취향에 따라 백분율은 조금씩 차이가 난다. 표에 나타난 수치는 최소치와 최대치며, 1퍼센트는 일주일에 한 시간을 뜻한다.

| | | |
|---|---|---|
| **생산 활동** | | 합계 : 24~60% |
| 근무나 공부 | 20~45% | |
| 담소, 식사, 몽상 | 4~15% | |
| | | |
| **유지 활동** | | 합계 : 20~42% |
| 가사(요리, 설거지, 장보기) | 8~22% | |
| 식사 | 3~5% | |
| 몸단장(씻기, 옷입기) | 3~6% | |
| 운전, 출퇴근 | 6~9% | |
| | | |
| **여가 활동** | | 합계 : 20~43% |
| TV, 독서 | 9~13% | |
| 취미, 운동, 영화, 외식 | 4~13% | |
| 담소, 교제 | 4~12% | |
| 휴식, 빈둥거리기 | 3~5% | |

출처 : 칙센트미하이와 그래프(1980), 커비와 칙센트미하이(1990), 라슨과 리처즈(1994).

직업의 종류에 따라서 다르고 전일제 근무인가 시간제 근무인가에 따라서 차이는 있지만, 우리가 가지고 있는 에너지의 4분의 1에서 절반 남짓은 이런 생산 활동에 투입된다. 전일제 근무를 하는 직장인은 보통 일주일에 마흔 시간을 일한다. 이것은 일주일 동안 깨어 있는 112시간 중에서 35퍼센트에 해당하지만, 이 수치는 현실을 정확하게 반영하지는 못한다. 마흔 시간 중에서 직장인이 실제로 일하는 시간은 서른 시간가량이며 나머지는 담소, 몽상, 그리고 직무와 관계없는 자질구레한 활동에 소모하기 때문이다.

이것을 적다고 보아야 할까 많다고 보아야 할까? 그것은 비교의 대상을 무엇으로 삼느냐에 따라 달라진다. 인류학자들의 보고에 따르면, 브라질의 밀림이나 아프리카의 사막에 거주하는 부족처럼 기술적으로 아주 낙후한 사회에서는 생계를 위하여 성인 한 사람이 투자하는 시간이 하루에 불과 네 시간을 넘지 않는다. 남은 시간에는 쉬거나 잡담을 나누고 노래를 부르거나 춤을 춘다. 반면에 서구에서 산업화가 진행되던 100년 동안 아직 노조가 노동 시간을 규제할 수 없었던 상황에서 노동자가 하루 열두 시간 이상 일하는 것은 드문 일이 아니었다. 따라서 현재의 하루 여덟 시간 노동은 양극단의 중간점이라고 할 수 있다.

생산 활동으로 새로운 에너지를 만들어야 하지만, 육체와 육체의 부속물을 잘 간수하는 데도 우리는 엄청난 시간을 쏟아부어야 한다. 하루의 4분의 1이라는 시간을 우리는 이런저런 유지 활동에 투입한다. 식사, 휴식, 세면으로 몸을 돌보고 청소, 요리, 장보기와 각종 집안일로 생활 여건을 유지한다. 전통적으로 유지 작업의 부담은 여성이 져야 했고 남성은 생산자 역할을 맡았다. 이런 구별 의식은 지금도 미국에 강하게 남아 있다. 식사에 들어가는 시간은 남녀가 엇비슷하지만(약 5퍼센트), 그 밖의 유지 활동에는 여자가 남자보다 두 배 이상의 시간을 투자한다.

가사 노동의 남녀 차별은 다른 나라에서는 더 심하다. 남녀평등을 이념적 구호로 내걸었던 옛 소련에서조차 결혼한 여의사와 여성 엔지니어가 직장에서 일하고 돌아와 집에서 가사 노동을 전담하였다. 요즘은 많이 달라졌지만 집에서 밥상 차리고 설거지하는 남자를 우습게 보고 부끄럽게 여기는 나라가 아직도 있다.

남녀 간의 노동 분담은 인류 역사만큼이나 오래된 현상인 듯하다. 옛날 여자들은 집안 살림을 꾸리느라 고된 노동에 시달렸다. 한 역사가는 400년 전 유럽의 실상을 이렇게 묘사한다.

> 여자들은 물이 귀한 가파른 산비탈의 계단밭으로 물을 길어 날랐다. 풀을 베어 말리고 장작을 팼으며, 해초를 거두고 길가 잡초를 뜯어 토끼를 먹였다. 여자들은 소젖과 염소젖을 짜고 채소를 가꾸며, 밤을 줍고 약초를 캤다. 영국과 아일랜드 일부 지역과 네덜란드에서 가장 중요한 난방 연료는 동물의 똥이었다. 여자들은 그것을 손으로 주워다 말려서 화덕에 넣었다.

기술 발달로 생산 현장의 노동량이 크게 줄어든 것처럼 상수도 시설과 가전제품의 보급으로 가사 노동의 부담도 현격하게 줄어들었다. 그러나 아시아, 아프리카, 남미, 다시 말해 전 세계의 대부분 지역에서는 아직도 여자들이 가정의 물질적, 정서적

뼈대를 간신히 유지하는 데 가용 시간을 모조리 쏟아붓다시피 한다.

생산과 유지 활동에 들어가고 남은 시간이 자유 시간, 곧 여가 시간인데, 사람들은 여기에 전체 시간의 4분의 1을 쏟는다. 사람은 아무 할 일이 없을 때 비로소 자신의 잠재력을 깨달을 수 있다고 고대 사상가들은 주장하였다. 그리스 철학자들에 따르면 학문, 예술, 정치 같은 자기개발 활동에 시간을 투여할 수 있을 때만 우리는 진정한 인간이 된다. 실제로 학교를 뜻하는 영어 단어 'school'은 여가를 뜻하는 그리스어 'scholea'에서 나온 것이다. 여가를 가장 잘 활용하는 것이 곧 학문하는 길임을 알 수 있다.

불행하게도 이러한 이상은 좀처럼 실현되기 어렵다. 현대 사회에서 개인의 자유 시간은 세 가지 주요 활동에 의해 점령당하고 있는데, 이것들은 그리스 학자들이 염두에 둔 이상과는 하나같이 거리가 멀다. 첫째는 대중 매체다. 대부분은 TV 시청이고 극히 일부가 신문과 잡지 읽기다. 둘째는 담소이며, 셋째는 자유 시간을 능동적으로 활용하는 것이어서 고대인의 이상에 그나마 근접하였다고 말할 수 있다. 바로 음악, 운동, 외식, 영화 감상 같은 취미 활동이다. 이 세 가지 주요 여가 활동에 들어가는 시간이 일주일에 적게는 네 시간, 많게는 열두 시간이다.

모든 여가 활동 중에서 사람의 에너지를 가장 많이 흡수하는 TV 시청은 인류가 경험한 가장 새로운 활동 형태이기도 하다. 인간이 수백만 년 동안 진화하면서 만들어낸 발명품 가운데 TV처럼 중독성이 강하고 흡인력 있는 물건도 없다. 넋을 잃고 허공을 바라보거나 꾸벅꾸벅 졸거나 빨리 사람들처럼 무아경에 빠지는 경우를 계산에 넣지 않는다면 말이다. TV라는 매체를 옹호하는 사람들은 TV야말로 온갖 흥미로운 정보를 제공해준다고 주장한다. 그 말도 옳긴 하지만 시청자를 성숙시키는 프로그램보다는 자극시키는 프로그램이 많으므로 대부분의 사람들이 시청하는 프로그램은 자아 개발에 별반 도움이 되지 않는다.

생산, 유지, 여가라는 세 가지 주요 기능이 우리의 에너지를 빨아들인다. 태어나서 죽을 때까지 하루도 빠짐없이 우리의 정신을 휘젓고 돌아다니는 정보도 이런 것들에서 나온다. 그러므로 삶의 성격은 우리가 직업적으로 하는 일에, 이미 가지고 있는 것이 허물어지지 않도록 애쓰는 노력에, 그리고 남는 시간에 벌이는 활동에 좌우된다고 보아도 무리는 아니다. 삶은 이러한 기본 좌표 안에서 펼쳐지며, 우리가 보낸 하루하루를 모두 더하였을 때 그것이 형체 없는 안개로 사라지느냐 아니면 예술 작품에 버금가는 모습으로 형상화되느냐는 바로 우리가 어떤 일을 선택하고 그 일을 어떤 방식으로 하는가에 달려 있다.

나날의 삶은 우리가 어떤 일을 하느냐뿐 아니라 우리가 어떤 사람과 함께 있느냐에 따라서도 달라진다. 우리의 행위와 감정은 당사자가 그 자리에 있건 없건 언제나 타인의 영향을 받는다. 사람이 사회적 동물이라는 것은 아리스토텔레스를 굳이 들먹이지 않더라도 누구나 공감하는 사실이다. 육체적, 심리적으로 우리는 남과 함께 있는 데 길들여져 있다. 개인이 타인에게 영향을 받는 정도와 혼자 있을 때 내면화한 타인의 견해에 영향받는 정도는 문화에 따라 다르다. 가령 전통 힌두교 사회에서는 사람을 뚜렷이 구분되는 개체로서가 아니라 확장된 사회적 연결망의 교점으로서 이해하였다. 한 사람의 정체성은 그 사람만이 가진 생각이나 행위가 아니라 그가 누구의 자식이고 누구의 아내이며, 누구의 사촌이고 누구의 부모인가로 결정되었다. 아시아계 학생은 혼자 있을 때도 부모의 기대나 의견을 의식하는 정도가 백인 학생에 비하여 훨씬 높다. 정신분석학 용어로 말하자면 아시아계 학생의 초자아가 더 강하다고 할 수 있으리라. 문화가 아무리 개인주의 방향으로 흐른다 하더라도 개인이 누리는 삶의 질은 타인에 의해 크게 좌우된다.

사람들은 대체로 세 가지 유형의 사회적 활동 영역에 시간을 엇비슷하게 투입한다. 첫째 영역은 안면이 없는 사람, 동료, 급우로 채워진다. 이 '공적' 영역에서는 한 사람의 행위가 남들의 평가를 받게 되고, 또한 한정된 자원을 놓고 치열한 경쟁이 벌어지든가 아니면 협조적 공생 관계가 맺어지기도 한다. 한 사람의 잠재력을 개발하는 데 가장 중요한 것이 이 공적 행위 영역이라고 사람들은 흔히 강조한다. 위험 부담도 크지만 성장할 수 있는 기회도 많이 주어진다는 뜻이다.

둘째 영역은 가족이다. 아이에게는 부모와 형제이며 어른에게는 배우자와 자식이다. 요즘 들어서는 뚜렷한 사회적 단위로서의 '가족'이라는 개념 자체도 혹독한 비판을 받고 있고 사실 가족의 정의를 시간과 공간을 관통하는 단 하나의 구성 형태로 못 박기도 어려운 노릇이지만, 사람에게는 유달리 끈끈한 정을 느끼고 같이 있으면 편안하며 다른 사람들보다도 더 강한 책임감을 느끼게 되는 집단이 있다는 것 또한 부인 못 할 사실이다.

셋째는 타인의 부재로 정의할 수 있는 공간, 다시 말하면 고독의 공간이다. 산업기술 사회에서 사람은 하루의 3분의 1을 혼자서 보내는데, 이것은 대부분의 부족 사회와 비교하면 아주 높은 비율이다. 부족 사회에서는 고독을 매우 위험스럽게 여긴다. 그 점은 현대인도 마찬가지여서 고독을 바람직하지 않은 것으로 받아들인다. 사람들은 어떻게 해서든지 고독에서 벗어나려고 애쓴다. 고독을 향유하는 법을 터득한 사람도 있지만 그런 재주를 가진 사람은 아주 드물다. 우리는 크고 작은 사회적 책무 때문에 좋든 싫든 혼자 지내야 할 때가 많다. 아이는 혼자서 공부하거나 연습해야 하고, 주부는 혼자서 집안 살림을 꾸려야 한다. 적어도 하루에 몇 시간은 혼자서 일해야 하는 직업도 상당수에 이른다. 그러므로 고독을 향유하는 수준은 못 되더라도 고독을 견디는 법을 배우는 것이 중요하다. 그렇지 않을 경우 우리는 살아가면서 어려움을 겪는다.

이 장과 다음 장에서 나는 사람들이 어떻게 시간을 사용하는지, 혼자서 보내는 시간과 여럿이서 보내는 시간이 얼마나 차이가 나는지, 자기가 하는 일에 어떤 느낌을 갖는지에 대해서 말하려고 한다. 내가 어떤 증거를 가지고 그러한 주장을 펼쳐나갈지 궁금히 여길 분들이 있을 것이다.

사람이 시간을 어떻게 쓰는지를 알고 싶을 때 연구자들은 보통 설문 조사를 한다. 잠들기 전이나 주말에 일정한 양식의 응답지를 채우도록 요구하는 이 방법은 간편하다는 장점이 있는 반면, 회상에 의존하다 보니 정확도가 떨어진다. 경험추출법 (Experience Sampling Method), 줄여서 ESM이라고 부르는 방법도 있는데, 이것은 70년대 초반에 내가 시카고대학에서 개발한 것이다. ESM은 호출기나 프로그램이 입력된 시계를 이용하여 사람들에게 미리 배부한 소책자에 해당 사항을 적어놓도록 요구하는 방법이다. 하루를 두 시간 단위의 토막으로 쪼갠 다음, 아침 일찍부터 밤 11시 넘어까지, 신호를 한 토막 안에서 예고 없이 불시에 보낸다. 신호를 받은 사람은 자기가 어디에서 무엇을 하고 있고, 무슨 생각을 하고 있으며 누구와 함께 있는지를 기입하고, 그 순간 자기의 심리 상태를 점수로 평가한다. 가령 내가 얼마나 행복한지, 얼마나 집중하고 있는지, 어떤 충동을 느끼고 있는지, 얼마나 자신감을 갖고 있는지 따위를 스스로 평가하는 것이다.

주말이 되면 한 사람이 기입한 소책자의 분량이 56쪽까지 채워지는데, 여기에는 그 사람이 하루하루 무슨 일을 했고 어떤 경험을 했는지가 마치 영화 필름처럼 생생히 수록되어 있다. 우리는 그것을 보면서 어떤 사람이 아침부터 밤까지 매일 어떤 활동을 했는지 추적할 수 있고, 다른 사람이 하는 일에 대해서 혹은 같이 있는 사람에 대해서 그가 느꼈던 감정의 변화를 감지할 수 있다.

여러 해 동안 시카고대학연구소는 2,300명가량의 사람으로부터 7만 장이 넘는 응답지를 받았다. 다른 나라 대학들이 모아놓은 자료까지 합치면 그 양은 세 배가 넘는다. 응답지는 많을수록 좋다. 사람들이 보내는 일상의 무늬와 결을 아주 자세하고 정확

하게 들여다볼 수 있기 때문이다. 그래야 예컨대 사람들이 얼마
나 식사를 자주하는지, 식사를 하면서 어떤 느낌을 갖는지 제대
로 파악할 수 있다. 나아가 청소년, 성인, 노인이 식사를 하면서
가지는 느낌이 비슷한지 다른지, 혼자 식사할 때와 여럿이 식사
할 때 어떤 차이가 나는지도 알 수 있다. 또 이 방법을 쓰면 미국
인, 유럽인, 아시아인을 문화적으로 비교하는 작업도 가능하다.
다음에 이어지는 장들에서 나는 ESM으로 확보한 자료와 여타
설문 조사에서 얻은 자료를 두루 활용할 것이다. 자료 출처는 책
말미에 밝혀놓았다.

# 2
## 경험의 내용

앞에서 보았듯이, 사람은 자신의 에너지를 대부분 생산, 유지, 여가 활동에 쏟는다. 그런데 어떤 사람은 일을 좋아하고 어떤 사람은 일이라면 질색을 한다. 또 어떤 사람은 노는 걸 좋아하지만 어떤 사람은 일이 없으면 좀이 쑤셔서 견디지 못한다. 따라서 우리가 어떤 삶을 살아가느냐는 우리가 하는 일과도 관계가 있지만, 그보다는 자기가 하는 일을 스스로 어떻게 받아들이느냐 하는 경험의 내용과 더 관계가 깊다.

사랑, 부끄러움, 고마움, 행복을 정말로 느끼는지 판가름할 수 있는 사람은 오직 나 자신뿐이라는 점에서 감정은 의식의 주관적 요소라고 말할 수 있다. 그러나 감정은 의식을 가장 객관적으로 담아내기도 한다. 사랑에 빠질 때, 수치심을 느낄 때, 겁을 먹을 때, 행복에 겨울 때 우리를 강타하는 '실감'은, 우리가 외부 세계에서 관찰하는 그 어떤 것보다도, 혹은 우리가 과학이나 논리학으로 깨우치는 그 어떤 지식보다도 생생하다고 말할 수 있다. 그래서 우리는 타인을 바라볼 때는 그 사람이 하는 말을 한 귀로 흘려듣고 오직 그의 행동에만 무게를 두면서 행동주의 심리학자처럼 구는 반면, 스스로를 돌아볼 때는 겉으로 드러난 사건이나 행동보다는 자신의 속마음을 더 중시하면서 마치 현상학자처럼 구는 모순된 자세를 종종 보이곤 한다.

심리학자들은 아주 판이하게 다른 문화 속에서 살아가는 사람들의 얼굴 표정을 바탕으로 하여 아홉 개의 기본적 감정을 추려냈다. 사람이라면 누구나 입으로 말할 수 있고 눈으로 사물을 볼 수 있는 것처럼 감정 상태도 일정한 공분모를 추릴 수 있을 것이다. 상황을 아주 단순하게 이해하자면 모든 감정은 근본적으로 이원론의 바탕 위에 서 있다고 말할 수 있다. 다시 말해 어떤 감정은 긍정적이어서 호감을 주든가 부정적이어서 반감을 낳든가 둘 중 하나다. 무엇이 우리에게 좋은지를 판단할 때 우리가 감정의 도움을 얻을 수 있는 것은 이런 기본적 특성 덕분이다. 아기는 사람의 얼굴에 이끌리며 엄마의 얼굴을 보면 환하게 웃는다. 웃으면서 아기와 보호자의 유대도 강화되게 마련이다. 우리는 식사를 하거나 이성과 같이 있을 때 즐거움을 느끼는데, 만일 우리가 음식과 성에 초연하다면 인간이라는 종은 살아남기 어려울 것이다. 뱀, 벌레, 악취, 암흑에 우리가 본능적으로 거부감을 가지는 이유는 진화 과정에서 이것들이 인간의 생존에 심각한 위협을 초래하였기 때문이리라.

인간은 유전적으로 마련된 기본 감정 말고도 더 미묘하고 섬세하며 때로는 저열하기까지 한 감정도 허다하게 만들어냈다. 자기를 반성하는 의식이 발전하면서 인간은 감정을 가지고 '장난'을 칠 수 있게 되었다. 감정을 지어내고 꾸미는 능력을 가진 동물은 인간뿐이다. 우리 조상들은 노래, 무용, 가면 등을 이용해 공포, 경이, 희열, 도취의 감정을 유발하였다. 요즘은 공포영화, 마약, 음악이 그런 역할을 하고 있다. 우리 조상이 외부 세계를 가리키는 하나의 신호로서 감정을 받아들였다면, 요즘 사람은 현실에서 분리되어 떨어져 나온 감정 그 자체에 빠져든다는 점이 다르다.

긍정적 감정의 전형이 있다면 그것은 행복이다. 우리가 일을 하는 궁극적 목표는 행복을 체험하기 위해서라고 강조한 사상가는 아리스토텔레스 이후로도 한두 명이 아니다. 우리가 재산, 건강, 명예를 바라는 것은 그 자체가 좋아서라기보다 이런 것들이 우리를 행복하게 만들어주리라는 기대를 품고 있기 때문이다. 그러나 행복은 우리에게 뭔가를 가져다주기 때문이 아니라 그 자체가 좋은 것이라고 여겨지기에 우리의 추구 대상이 된다. 하지만 인생의 노른자위라고 일컫는 이 행복에 대해서 우리는 과연 얼마나 알고 있을까?

금세기 중엽까지도 심리학자들은 행복을 심리학의 연구 대상이 아니라고 보았다. 당시 사회과학을 지배한 행동주의 패러다임은 행복과 같은 주관적 감정은 너무 가변적이므로 과학의 연구 대상이 되기 어렵다고 규정하였다. 그러나 학계를 휩쓸었던 '경험주의의 회오리바람'이 몇 십 년에 걸쳐 서서히 걷히고 난 뒤 주관적 경험의 중요성이 다시금 강조되었고 행복에 대한 연구도 자연히 활기를 띠게 되었다.

그동안 축적된 연구는 일견 수긍이 가면서도 놀라운 내용을 담고 있다. 그것은 사람들이 살아가면서 온갖 문제와 비극에 부딪히면서도 자신의 삶을 불행하다기보다는 행복한 것으로 묘사하는 성향이 강하다는 점이다. 미국의 경우를 보더라도 응답자 가운데 3분의 1이 "아주 행복하다"고 했고, 열 명 가운데 한 명만이 "불행한 편"이라고 응답하였다. 대다수 응답자는 자신의 행복지수를 중간 이상으로 평가하였다. 다른 몇 십 개국에서도 비슷한 결과가 보고되었다. 아득한 옛날부터 지금까지 인생의 유한성과 고통을 강조하면서 이 세상은 눈물의 골짜기요 인생은 고(苦)라고 설파한 철학자가 한둘이 아닌데 어떻게 이런 결과가 나올 수 있을까? 예언자와 철학자는 대체로 완벽주의를 추구하는 경향이 있어서 삶의 불완전성이 이들의 눈에는 못마땅해 보였고, 이것이 그런 불일치를 낳지 않았나 싶다. 그러나 대다수 사람들은 아무리 불완전할지언정 살아 있음을 기쁘게 여긴다.

물론 비관주의자의 시각으로 이러한 현상을 설명할 수도 있다. 사람들은 행복하다고 말하지만 사실 그들은 설문 조사를 하는 연구자를 속이거나 허세를 부리는 것이라고 보는 시각이다. 어떤 공장 노동자가 행복에 겨워할 수도 있지만 객관적으로 볼 때 그는 자신의 노동을 착취하는 체제로부터 소외당하고 있으므로 그런 주관적 행복감은 자기기만이라고 못 박은 마르크스의 해석은 우리의 사고에 상당한 영향을 미쳤다. 장 폴 사르트르는 대부분의 사람들이 '허위의식', 즉 자기가 살고 있는 세상이 가장 좋은 세상이라는 의식 속에서 살아간다고 꼬집었다. 좀 더 최근에 와서는 미셸 푸코와 포스트모더니스트들이, 사람들이 하는 말은 실제 사건을 반영하지 않으며 이야기 자체만을 겨누는 말하기의 한 방식이라고 주장하였다. 자기기만에 대한 이러한 비판은 우리가 깨달아야 할 중요한 문제를 드러내고 있지만, 대중이 피부로 겪는 경험보다는 자기 류의 현실 해석이 우월하다고 보는 학자들 특유의 오만으로부터 역시 자유롭지 못하다. 마르크스, 사르트르, 푸코는 의심의 눈길을 거두지 못하지만, 나는 어떤 사람이 "행복하다"고 말할 때 어느 누구도 그의 말을 무시하거나 정반대의 뜻으로 해석할 권리가 없다고 본다.

수긍이 가면서도 놀라운 연구 결과가 또 하나 있다. 그것은 물질적 풍요와 행복의 상관관계다. 물질적으로 여유가 있고 정치적으로 안정된 나라에서 살아가는 사람들이 더 행복해한다는 것(가령 스위스인과 노르웨이인은 그리스인과 포르투갈인보다 행복 체감도가 높다)은 어느 정도 예상한 결과지만 예외도 있다(가령 그리 넉넉하지 못한 아일랜드인이 넉넉한 일본인보다 만족해한다). 놀라운 것은 한 나라 안에서 개인의 경제력과 삶에서 느끼는 만족감 사이에는 아주 미미한 상관관계밖에 없다고 하는 사실이다. 미국의 억만장자는 평균 소득을 가진 사람보다 아주 조금 더 행복할 뿐이다. 또 1960년부터 1990년대까지 미국인의 실질 소득은 두 배 이상으로 늘었지만 자신이 무척 행복하다고 말하는 사람의 비율은 여전히 30퍼센트 수준에 머물러 있다. 여기서 한 가지 내릴 수 있는 결론은 빈곤의 문턱을 일단 넘어서면 재산이 늘어난다 하더라도 그것이 행복으로 직결되지 않는다는 사실이다.

사람마다 각기 다른 특성도 개인의 행복 체감도에 적잖은 영향을 미친다. 건강하고 자신감이 넘치며 안정된 결혼 생활을 하고 있고 신앙을 가진 외향적 인물은, 만성 질환을 앓고 있고 자신감이 부족하며 이혼을 한 내성적 무신론자보다 행복하다고 말할 가능성이 훨씬 높다. 특성을 이렇게 묶어서 보면 포스트모더니스트들의 비판적 회의주의에도 일견 수긍할 만한 점이 있다. 가령 건강하고 신앙심이 깊은 사람은 실제 체험한 것과는 상관없이 건강하지 않고 신앙심이 없는 사람보다 '더 행복한' 줄거리를 만들어낸다고 볼 수 있기 때문이다. 그러나 우리는 해석이라는 필터를 통할지언정 '가공되지 않은' 체험 자료와 늘 만나므로 자신의 느낌에 대한 이야기는 자기감정의 중요한 일부분이다. 아이들을 먹여 살리기 위해 직장을 두 군데나 다니지만 그래도 행복하다고 말하는 여자가 한 직장도 지겨워하면서 다니는 여자보다 실제로 더 만족스러운 삶을 살아가고 있다고 보아야 하지 않을까.

그러나 행복이 우리가 따져볼 만한 가치가 있는 감정의 전부는 아니다. 하루하루 삶의 질을 끌어올리고 싶다고 마음먹은 사람에게 행복은 출발점으로서는 오히려 바람직하지 못하다. 행복의 느낌은 다른 감정처럼 사람마다 편차가 크지 않은 편이다. 아무리 공허하게 살아가는 사람도 자기가 불행하다는 사실을 여간해서는 인정하려 들지 않는다. 게다가 행복을 얼마나 느끼느냐는 주어진 상황보다는 개인의 성향에 좌우된다. 시간이 흐르면서 어떤 사람은 외부 여건과는 상관없이 행복하다고 여기는 반면 어떤 사람은 아무리 즐거운 일이 생겨도 자꾸만 불행하다는 의식에 젖어든다는 뜻이다. 행복의 느낌은 자신이 어떤 일을 하고 누구와 같이 있고 어떤 장소에 있는가에 크게 영향받지 않는다. 다른 감정은 상황이 달라지면 쉽게 바뀐다. 그러나 그런 감정도 행복의 느낌에 이어져 있으므로 결국은 우리가 느끼는 행복감을 끌어올릴 수 있다.

이를테면 자신이 얼마나 능동적이고 강인하며 민첩하다고 스스로 생각하는지는 어떤 일을 하는가에 따라 그 도가 크게 달라진다. 어려운 일을 할 때는 그런 감정도 강해지며, 일을 하다가 실패를 맛보거나 아예 아무 일도 하지 않을 때는 그런 감정 또한 약해진다. 이러한 감정은 우리가 어떤 일을 하기로 마음먹느냐에 따라 크게 달라질 수 있다. 자신이 능동적이고 강인하다는 느낌이 들면 그만큼 거기서 맛보는 행복감도 커지게 마련이어서, 시간이 흐르면 우리가 선택한 일이 행복감에도 영향을 미칠 것이다. 같은 이치로 보통 사람은 혼자 있을 때보다 남과 같이 있을 때 자기가 명랑하고 사교적인 사람이라는 느낌을 쉽게 가진다. 대체로 외향적인 사람이 내성적인 사람보다 행복하다는 생각을 더 많이 하는 이유도 명랑성과 사교성이 이처럼 행복감과 연결되어 있기 때문이다.

삶의 질을 좌우하는 것은 행복감만은 아니다. 행복해지기 위해 그 사람이 어떤 일을 하는가도 삶의 질을 좌우한다. 자신의 존재에 의미를 주는 목표를 개발하지 못하거나 자신의 에너지를 충분히 써먹지 못할 경우, 우리는 좋은 감정의 극히 일부만을 맛보게 된다. 볼테르의 소설 『캉디드』의 주인공처럼 "나만의 정원을 가꾸겠노라"면서 세상으로부터 물러나는 것으로 만족하는 사람은 훌륭한 삶을 산다고 말하기 어렵다. 꿈이 없고 위험이 따르지 않는 삶은 옹색하기 짝이 없다.

감정은 의식 안의 상태를 말한다. 슬픔, 두려움, 떨림, 지루함 같은 바람직하지 못한 감정은 마음속에 '심리적 엔트로피'를 조성한다. 무질서도를 뜻하는 엔트로피 상태에 빠지면 우리는 바깥일에 집중하지 못한다. 내부 질서를 다시 세우는 데 온통 신경을 쏟아야 하기 때문이다. 행복, 과단성, 민첩성 같은 바람직한 감정은 '심리적 반(反)엔트로피' 상태다. 이때 우리는 스스로를 되돌아보거나 추스르는 데 주의를 기울일 필요가 없으므로 아무 걸림돌 없이 에너지를 우리가 선택한 과제로 온전히 투입할 수 있다.

우리는 주어진 과제에 관심을 쏟는 것을 지향점 또는 목표를 설정했다고 표현한다. 목표를 얼마나 끈질기고 일관되게 추구하느냐는 동기 부여가 얼마나 잘 되어 있느냐에 달려 있다. 의도, 목표, 동기 부여는 심리적 반엔트로피를 조성한다. 정신력을 한곳에 집중시키고 작업의 우선순위를 조정하면서 의식 안에 질서를 세우는 것이다. 질서가 없으면 정신적 과정은 두서가 없어지고 감정의 질은 급격히 저하된다.

우리가 말하는 목표 중에는 길모퉁이 가게에 가서 아이스크림을 사오는 사소한 일도 있지만 나라를 위해 목숨을 바치는 중차대한 사명도 있다. 우리는 하루의 3분의 1은 좋아서 하는 일을 하고 3분의 1은 의무적으로 해야 하는 일을 하며 나머지 3분의 1은 해도 그만 안 해도 그만인 일을 한다. 연령, 남녀, 활동량에 따라서 이 비율은 조금씩 달라진다. 가령 아이는 어른보다, 남자는 여자보다 자신의 선택 폭이 크다고 생각한다. 집에서 하는 일은 직장에서 하는 일보다 자발성이 큰 것으로 이해된다.

사람들은 자기가 하는 일이 자발적일 때 가장 만족스러워하지만 의무감 때문에 하는 일 역시 크게 불만스러워지는 않는다는 사실을 보여주는 증거가 많이 있다. 심리적 엔트로피는 딱히 할 일이 없을 때 하는 일에서 가장 높이 나타났다. 결국 내적 동기 부여(이것을 하고 싶다)든 외적 동기 부여(이것을 해야 한다)든 목표를 가지고 있는 것이 집중을 해야 할 어떤 목표도 갖지 못하고 마지못해 일을 하는 상태보다는 삶의 질을 끌어올려준다. 동기 부여의 필요성을 절감하지 못한 채 살아가는 사람들이 많다는 것은 삶을 개선할 수 있는 여지가 우리에게 그만큼 많다는 뜻이다.

의도의 경우는 에너지가 단기간에 투입되는 반면, 목표는 좀 더 장기적으로 투입된다. 우리가 도달하려는 자아의 모습을 결정짓는 것이 바로 우리가 추구하는 목표다. 테레사 수녀와 마돈나라는 가수의 삶이 판이하게 다른 것은 두 사람이 평생토록 자신의 주의를 투입하는 목표점이 달랐기 때문이다. 일관된 목표의 추구 없이 일관된 자아를 만들어나가기는 어렵다. 뚜렷한 목표의 의식을 가지고 에너지를 제대로 투입해야 한 사람의 경험에 질서가 생긴다. 예측이 가능한 행동, 감정, 선택에서 드러나는 이 질서는 시간이 흐르면 개성 있는 '자아'로서 우리 눈앞에 나타난다.

한 사람이 세우는 목표는 그의 자부심에도 영향을 미친다. 100여 년 전에 이미 윌리엄 제임스가 지적한 대로 자부심은 기대와 성공의 비율에 좌우된다. 어떤 사람이 자부심이 낮다면, 그것은 그가 목표를 너무 높이 두었거나 성공한 경험이 몇 번 안 되기 때문일 수도 있다. 따라서 가장 많이 성공한 사람이 반드시 가장 높은 자부심을 가지고 있으리란 법은 없다. 일반인의 예상과는 달리, 미국 학교에서 우수한 성적을 거둔 아시아계 학생의 자부심은 그보다 못한 성적을 거둔 다른 소수 민족계 학생보다 낮다. 아시아계 학생은 웬만한 성공으로는 만족하기 어려운 높은 목표를 세우고 있기 때문이다. 직장에 다니는 어머니는 그렇지 않은 어머니보다 스스로를 평가하는 점수가 높지 않다. 자신의 능력을 훌쩍 뛰어넘은 높은 기대치를 가지고 있기 때문이다. 아이에게 자부심을 키워줄수록 좋다고 세상 사람들은 말하지만 그것이 반드시 진리가 아닐 수도 있음을 여기서 알 수 있다. 기대치를 낮추는 데서 얻는 자부심은 자랑할 것이 못 된다.

의도와 목표를 두고 사람들이 흔히 품는 오해가 있다. 가령 힌두교나 불교처럼 갈래가 다양한 동양의 종교들은 행복에 이르려면 욕망을 버리라고 가르치는데 이것을 다음과 같이 해석하는 사람들이 있다. 즉 모든 욕망을 포기하여 더 이상 목표가 존재하지 않는 상태에 도달해야만 불행에서 벗어날 수 있다는 것이다. 이러한 사고방식에 영향을 받은 적잖은 수의 유럽과 미국 청년들이 철저히 자동적이며 우연히 이루어지는 행위만이 삶의 깨달음으로 이어진다는 믿음 아래 일체의 목표를 거부하기에 이르렀다.

내가 보기로는 동양 종교를 이런 식으로 파악하는 것은 너무 피상적이다. 따지고 보면 욕망을 뿌리 뽑겠다는 것 자체가 엄청나게 달성하기 어려운 목표이기 때문이다. 우리 안에 유전적, 문화적 욕망이 철저히 뿌리내리고 있으므로 이것들을 잠재우려면 거의 초인적인 의지가 있어야 한다. 마음 가는 대로 살면 목표를 정해야 하는 굴레로부터 벗어날 수 있다고 생각하는 사람은 그저 본능과 교육이 자신들에게 던진 목표를 맹목적으로 좇는 것에 불과하다. 그들은 훌륭한 스님도 넌더리를 낼 만큼 저속하고 비뚤어진 생각을 가진 사람이 되고 만다.

내가 보기에 동양의 종교가 가르치는 내용은 목표를 덮어놓고 부정하라는 것이 아니다. 우리 마음속에 저절로 생겨나는 의도는 신뢰할 수 없는 것임을 말하고자 할 따름이다. 궁핍하고 위험한 세상에서 살아남으려다 보니 우리의 유전자는 부득불 탐욕스러워지고 남들 위에 군림할 수 있는 힘을 갈망하게 되었다. 마찬가지 이유로 우리가 속한 사회 집단도 같은 언어와 종교를 가진 사람들밖에는 신뢰할 수 없다고 우리에게 가르친다. 관성은 무시 못 하는 것이어서 우리가 가진 목표의 대부분은 유전과 문화의 영향으로부터 자유롭지 못하다. 불교가 우리에게 억눌러야 한다고 강조하는 것은 바로 그런 목표다. 하지만 그러려면 어마어마한 의지가 필요하다. 타성에 젖은 목표를 근절한다는 역설적 목표는 한 사람이 자신의 정신력을 24시간 쏟아붓는다 하더라도 이루기 벅찬 과업이다. 요가 수행자나 승려는 타성에 젖은 목표가 의식으로 비집고 들어오는 것을 막느라 전력투구하는 사람들이므로 다른 일을 할 수 있을 만한 여력이 거의 없다. 동양 종교에서 말하는 수행은 서구인이 통상적으로 알고 있는 내용과는 정반대라 해도 과언이 아니다.

자신의 목표를 다스리는 요령을 터득하는 것은 성숙한 삶으로 나아가는 중요한 첫걸음이다. 그것은 자연발생적 욕망에 몸을 맡기는 것과도 다르고 욕망을 무조건 억압하는 것과도 다르다. 최선의 방안은 자기 욕망의 뿌리를 이해하고 그 안에 숨어 있는 편견을 인식하면서, 사회적, 물질적 여건을 지나치게 흩뜨리지 않는 한도 내에서 자신의 의식에 질서를 가져올 수 있는 목표를 겸허하게 선택하는 것이다. 이보다 덜한 목표를 세우는 것은 자신의 잠재력을 개발할 수 있는 기회를 포기하는 것이며, 이보다 과도한 목표를 세우는 것은 좌절을 자초하는 셈이다.

의식의 내용으로 감정, 목표에 버금가게 중요한 것은 사고의 인지적 과정이다. 사고는 과정이 매우 복잡하므로 짧은 지면에서 체계적으로 다루기는 불가능하다. 여기서는 주제를 단순화하여 일상생활에 초점을 맞추어 논의하는 게 좋겠다. 우리가 사고라고 부르는 것은 정신력에 질서가 갖추어지는 과정이기도 하다. 감정은 유기체를 접근이나 회피의 태세로 움직여서 주의를 집중시키며, 목표는 욕망하는 대상의 모습을 제시하여 주의를 집중시킨다. 사고는 의미 있는 방식으로 서로 연관되어 있는 이미지의 연쇄를 낳아 유기체의 주의를 집중시킨다.

가장 기본적인 정신 작용은 원인과 결과를 잇는 것이다. 손을 움직여 침대에 걸린 방울을 딸랑딸랑 울릴 수 있다는 것을 어린 아이가 처음 깨달을 때가 바로 한 사람의 인생에서 원인과 결과가 처음으로 이어지는 순간이다. 훗날 우리가 하게 되는 사고의 대부분은 이런 단순한 연합에 토대를 둔 것이다. 시간이 흐르면 원인에서 결과로 이어지는 단계들은 점점 추상화되어 구체적 현실로부터 떨어져 나온다. 전기기사, 작곡가, 주식중개인은 와트와 옴, 음과 박자, 주식의 매입과 매도 등 자기 머리에서 운용되는 상징들 사이에서 있을 수 있는 수많은 연합의 가능성을 동시에 고려하면서 작업한다.

감정, 목표, 사고가 따로 떨어진 경험의 가닥들로 의식을 통과하는 것이 아니라 늘 교섭하면서 서로 변화시킨다는 점이 이제는 어느 정도 분명해졌으리라고 본다. 한 여자와 사랑에 빠진 청년은 사랑이라는 말에 담겨 있는 모든 감정을 겪는다. 청년은 여자의 마음을 사로잡으려 애쓰면서 어떻게 하면 그 목적을 달성할 수 있을까 고민한다. 새 차를 사면 여자의 관심을 끌 수 있을지 모른다고 생각한다. 이제 새 차를 사기 위해 돈을 벌어야 한다는 목표가 구애라는 목표 안으로 끼어든다. 그러나 일을 더 하면 좋아하는 낚시도 못 가게 될 거라는 실망의 감정을 느낀다. 이것은 다시 새로운 생각을 낳고, 청년은 자신의 감정과 조화를 이룰 수 있도록 목표를 조정한다. 이처럼 경험의 흐름은 수많은 정보를 끊임없이 실어나른다.

정신의 작용을 깊이 있게 파고들려면 집중하는 법을 배워야 한다. 집중하지 못하면 의식은 혼돈에 빠진다. 마음은 평상시에는 정보의 무질서 상태에 놓여 있다. 생각은 논리적 인과 관계에 따라서 가지런히 배열되는 것이 아니라 두서없이 꼬리에 꼬리를 물고 얽혀 있다. 집중하는 요령을 터득하지 못하면, 다시 말해서 노력을 한곳으로 모으지 못하면 사고는 아무런 결론에 이르지 못하고 지리멸렬해진다. 공상은 마음에 드는 이미지들을 따 붙여 마음의 내부에서 일종의 영화를 만드는 것인데, 이런 공상에 빠지는 데도 집중할 수 있는 능력이 필요하다. 집중하는 법을 배우지 못해서 공상에도 제대로 못 빠지는 아이들이 요즘 한둘이 아니다.

감정의 흐름을 거슬러야 할 경우엔 집중하기가 쉽지 않다. 수학을 싫어하는 학생은 한자리에 가만히 앉아서 교과서에 실린 정보를 흡수하기가 여간 고역이 아니며, 그렇게 하기 위해서는 강한 자극(시험에 붙어야 한다든가 하는)이 필요하다. 정신적 과업이 어려울수록 집중하기도 그만큼 어려워진다. 그러나 자기가 하는 일을 좋아하고 그 일을 하겠다는 각오가 되어 있을 때는 객관적 어려움이 아무리 크다 하더라도 별다른 갈등 없이 마음을 집중할 수 있다.

일반적으로 사고라고 하면 사람들은 대뜸 지능부터 떠올린다. "내 IQ가 얼마더라?", "그 애는 수학의 천재야"라는 말에서 알 수 있듯이 사람들은 사고력의 개인차에 관심이 깊다. 지능은 이를테면 숫자를 머리로 얼마나 능숙하게 그려내고 처리할 수 있는가, 단어에 담긴 정보에 얼마나 예민하게 반응할 수 있는가처럼 정신 과정의 다양한 측면을 가리키는 말이다. 그러나 하워드 가드너가 보여주듯이 우리는 지능의 개념을 확장하여 그 안에 근육 감각, 소리, 느낌, 모습 같은 갖가지 종류의 정보를 구분하고 활용할 수 있는 능력을 얼마든지 포함시킬 수 있다. 어떤 아이들은 태어나면서부터 소리에 대한 감수성이 남달리 뛰어나다. 음정을 잘 구분하며 화음도 또래보다 잘 넣는다. 태어날 때의 미세한 차이가 시간이 흐를수록 시각, 운동, 수학 능력에서 엄청난 차이를 낳는다.

그러나 아무리 타고난 재능이 있어도 집중하는 법을 배우지 못하면 성숙한 지능으로 발전하지 못한다. 재능의 개발에는 집중력이 필요하다. 정신력을 모을 수 있어야만 음악적 재능을 가진 아이는 음악가가 될 수 있고 수학적 재능을 가진 아이는 공학자나 물리학자가 될 수 있다. 성인이 되었을 때 전문가로서 당연히 갖추어야 할 실력과 지식을 습득하기 위해서는 많은 노력을 기울여야 한다. 모차르트는 신동이었지만 만약 그의 아버지가 아들이 기저귀를 떼자마자 강제로 음악 연습을 시키지 않았더라면 그의 재능이 꽃을 피웠을지 나로서는 의심스럽다. 집중력이야말로 모든 사고의 원동력이라 할 수 있다.

경험의 내용이 서로 다르면 일상생활에서 조화를 이루기가 어렵다. 내가 근무를 하면서 집중하는 것은 고용주가 나에게 집중적으로 사고해야 하는 일을 맡겼기 때문이다. 그러나 나는 딱히 원해서 그 일을 하는 것이 아니므로 동기 부여는 그다지 높다고 볼 수 없다. 한편으로 나는 사춘기를 맞이한 아들 녀석의 비뚤어진 행동 때문에 자꾸만 마음이 불안해진다. 그래서 책상 앞에 앉아는 있지만 완전히 일에 몰두하지는 못한다. 내 마음이 극심한 혼돈을 겪고 있어서라기보다는 의식의 엔트로피가 높아서 그렇다. 감정, 목표, 사고가 초점에 들어왔다 사라지며, 상반된 충동을 낳으면서 나의 관심을 여러 방향으로 흩뜨려놓는다. 또 하나의 예를 들자면, 나는 퇴근 후에 친구와 만나 즐겁게 술을 마시면서도 가족에게 곧바로 가지 않은 것에 죄책감을 느끼고 시간과 돈을 낭비하는 자신의 모습에 화가 나기도 한다.

이러한 시나리오는 별로 생소하지가 않다. 하루하루의 삶이 그런 모순으로 차 있다. 가슴, 의지, 정신이 일치할 때의 뿌듯함을 우리는 좀처럼 맛보기 어렵다. 감정, 목표, 사고가 일치하지 않고 의식 안에서 격투를 벌이며, 우리는 그것을 속수무책으로 지켜보고 있어야 한다.

그러나 다른 길은 없는지 생각해보자. 가령 스키를 타고 산비탈을 질주할 때 우리는 몸의 움직임, 스키의 위치, 얼굴을 스치며 지나가는 공기, 눈 덮인 나무에 주의를 집중한다. 갈등이나 모순을 의식할 짬이 없다. 조금이라도 마음을 놓았다간 눈 속에 고꾸라진다. 그러니 누가 딴 생각을 하겠는가? 활강이 너무도 완벽하여 우리는 그것이 한없이 계속되기를 바라고 순간의 경험에 완전히 몰입한다.

당신에게 스키가 별 볼 일 없는 것이라면 그 장면에 당신이 좋아하는 활동을 넣어보라. 그것은 성가대에서 부르는 합창일 수도 있고, 컴퓨터 프로그램을 짜는 일일 수도 있고, 춤이나 카드놀이, 독서일 수도 있다. 혹은 세상의 많은 사람들처럼 당신도 일을 좋아한다면 까다로운 외과 수술이나 피가 마르는 거래처와의 상담에 몰입하는 순간일 수도 있다. 또는 좋아하는 친구와 이야기를 나누거나 엄마와 아기와 놀 때처럼 사람과 사람이 어울리는 순간에 완전히 빠져드는 경험을 할 수도 있다. 이러한 순간의 공통점은 의식이 경험으로 꽉 차 있다는 것이다. 이때 각각의 경험은 서로 조화를 이룬다. 일상생활에서는 좀처럼 그런 경험을 맛보기가 어렵지만 그 순간에는 느끼는 것, 바라는 것, 생각하는 것이 하나로 어우러진다.

예외적으로 나타나는 이 순간을 나는 '몰입 경험'이라고 부르고 싶다. '몰입'은 삶이 고조되는 순간에 물 흐르듯 행동이 자연스럽게 이루어지는 느낌을 표현하는 말이다. 그것은 운동선수가 말하는 '몰아 일체의 상태', 신비주의자가 말하는 '무아경', 화가와 음악가가 말하는 미적 황홀경에 다름 아니다. 운동선수, 신비주의자, 예술가는 각각 다른 활동을 하면서 몰입 상태에 도달하지만, 그들이 그 순간의 경험을 묘사하는 방식은 놀라우리만큼 비슷하다.

우리는 적절한 대응을 요구하는 일련의 명확한 목표가 앞에 있을 때 몰입할 가능성이 높다. 체스, 테니스, 포커 같은 게임을 할 때 몰입하기 쉬운 이유는 목표와 규칙이 명확히 설정되어 있어 무엇을 어떻게 해야 하는지 고민하지 않고 참여할 수 있기 때문이다. 게임이 진행되는 동안 선수는 모든 것이 흑백으로 선명하게 표현된 소우주 안에 있다. 종교 의식에 참여하거나 음악을 연주하거나 뜨개질을 하거나 컴퓨터 프로그램을 짜거나 산을 오르거나 수술을 할 때도 명확한 목표가 주어진다. 몰입을 유발하는 활동을 '몰입 활동'이라고 부르기로 하자. 일상생활과는 달리 몰입 활동은 명확하고 모순되지 않은 목표에 초점을 맞출 수 있게 해준다.

몰입 활동의 또 하나 특징은 되먹임, 곧 피드백의 효과가 빨리 나타난다는 것이다. 몰입 활동은 작업이 얼마나 순조롭게 이루어지는지를 말해준다. 우리는 체스를 두면서 말 하나를 움직일 때마다 형세가 유리해졌는지 불리해졌는지를 안다. 등반가는 걸음을 한 보 내디딜 때마다 그만큼 높이 올라섰다는 것을 안다.

성악가는 노래의 한 소절이 끝날 때마다 자기가 부른 노래가 악보와 맞았는지 틀렸는지를 알 수 있다. 뜨개질하는 사람은 한 땀 한 땀이 자기가 의도하는 무늬와 맞아떨어지는지를 곧바로 알 수 있다. 외과의는 칼이 동맥을 잘 피했는지 아니면 갑자기 출혈이 시작되었는지를 한눈에 알 수 있다. 직장에서나 집에서나 우리는 단서가 주어지지 않으면 지금 하는 일이 잘 되는지 못 되는지 한참을 모르고 지낼 때가 많지만 몰입 상태에서는 대체로 그걸 알 수 있다.

몰입은, 쉽지는 않지만 그렇다고 아주 버겁지도 않은 과제를 극복하는 데 한 사람이 자신의 실력을 온통 쏟아부을 때 나타나는 현상이다. 행동력과 기회 사이에 조화가 이루어질 때 우리는 바람직한 경험을 하게 된다(그림 1). 과제가 너무 힘겨우면 사람은 불안과 두려움에 젖다가 제풀에 포기하고 만다. 과제와 실력의 수준이 둘 다 낮으면 아무리 경험을 해도 미적지근할 뿐이다. 그러나 힘겨운 과제가 수준 높은 실력과 결합하면 일상생활에서는 맛보기 어려운 심도 있는 참여와 몰입이 이루어진다. 등반가라면 산에 오르기 위해 젖먹던 힘까지 짜내야 할 때, 성악가라면 높고 낮은 성부를 자유자재로 넘나들어야 하는 까다로운 노래를 불러야 할 때, 뜨개질하는 사람이라면 자수의 무늬가 이제까지 시도했던 그 어떤 무늬보다 복잡할 때, 외과의라면 순발력 있는 대응을 요구하는 수술이나 새로운 기법을 도입한 수술을 할 때, 바로 그런 경험을 한다. 보통 사람은 하루가 불안과 권태로 가득하지만 몰입 경험은 이 단조로운 일상에서 벗어나는 강렬한 삶을 선사한다.

**그림 1** 과제와 실력의 함수 관계에 따른 경험의 질

최적의 경험, 곧 몰입은 두 변수가 모두 높을 때 나타난다.

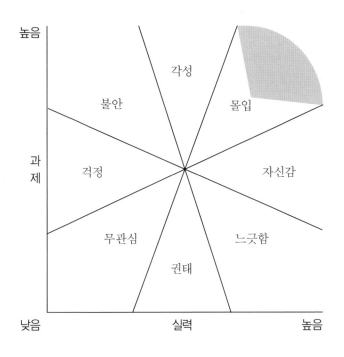

출처 : 마시미니와 카를리(1988) 참고. 칙센트미하이(1990).

목표가 명확하고 활동 결과가 바로 나타나며 과제와 실력이 균형을 이루면 사람은 정신을 체계적으로 집중할 수 있다. 몰입은 정신력을 모조리 요구하므로 몰입 상태에 빠진 사람은 완전히 몰두한다. 잡념이나 불필요한 감정이 끼어들 여지는 티끌만큼도 없다. 자의식은 사라지지만 자신감은 평소보다 커진다. 시간

감각에도 변화가 온다. 한 시간이 1분처럼 금방 흘러간다. 자신의 몸과 마음을 여한 없이 쏟을 때 사람은 어떤 일을 하고 있건 일 자체에서 가치를 발견한다. 삶은 스스로를 정당화하게 된다. 체력과 정신력이 조화롭게 집중될 때 삶은 마침내 제 스스로 힘을 얻는다.

삶을 훌륭하게 가꾸어주는 것은 행복감이 아니라 깊이 빠져드는 몰입이다. 몰입해 있을 때 우리는 행복하지 않다. 행복을 느끼려면 내면의 상태에 관심을 기울여야 하고, 그러다 보면 정작 눈앞의 일을 소홀히 다루기 때문이다. 암벽을 타는 산악인이 고난도의 동작을 하면서 짬을 내어 행복감에 젖는다면 추락할지도 모른다. 까다로운 수술을 하는 외과의나 고난도의 작품을 연주하는 음악가는 행복을 느낄 만한 마음의 여유가 없다. 일이 마무리된 다음에야 비로소 지난 일을 돌아볼 만한 여유를 가지면서 자신이 한 체험이 얼마나 값지고 소중했는가를 다시 한 번 실감하는 것이다. 달리 표현하자면 되돌아보면서 행복을 느낀다. 물론 몰입하지 않고도 행복을 맛볼 수는 있다. 고단한 몸을 눕혔을 때의 편안함과 따사로운 햇살은 행복을 불러일으킨다. 모두 소중한 감정임에는 틀림없지만 이런 유형의 행복감은 형편이 안 좋아지면 눈 녹듯 사라지기에 외부 상황에 대한 의존도가 높다고 볼 수 있다. 그러나 몰입에 뒤이어 오는 행복감은 스스로의 힘으로 만든 것이어서 우리의 의식을 그만큼 고양시키고 성숙시킨다.

'그림 1'에서 우리는 왜 몰입이 개인을 성숙시키는지를 이해할 수 있다. 어떤 사람이 그림에서 '각성' 상태에 있다고 가정하자.

각성은 별로 나쁜 상태는 아니다. 각성 상태에 놓인 사람은 정신을 상당히 집중하고 능동적이며 대상에 밀착되어 있다. 문제는 그 정도가 높지 않아 몰입에서 맛볼 수 있는 즐거움을 기대하기 어렵다는 것이다. 어떻게 하면 좀 더 신바람 나는 몰입의 상태로 넘어갈 수 있을까? 답은 자명하다. 실력 연마에 좀 더 힘을 쏟아야 한다. 이번에는 '자신감'이라는 범주로 넘어가보자. 이것 역시 행복감, 만족감을 웬만큼 가질 수 있는 바람직한 경험의 상태다. 그러나 이 단계에서는 아직 집중도, 밀착도가 떨어지며 자신이 중요한 일을 하고 있다는 의식 또한 강하지 않다. 그럼 여기서 어떻게 해야 몰입으로 넘어갈 수 있을까? 이 경우에는 과제의 수준을 높여야 한다. 이렇듯 각성과 자신감은 배움을 얻을 수 있는 중요한 상태다. 그 밖의 상태에서 몰입으로 넘어가기는 이보다 어렵다. 예를 들어 어떤 사람이 불안이나 걱정에 휩싸여 있을 때는 몰입 상태가 너무나 요원해 보이게 마련이다. 그래서 지금의 상황을 극복하기보다는 지금보다 덜 부담스러운 상황으로 물러나려는 성향이 강하게 나타난다.

그러므로 몰입 경험은 배움으로 이끄는 힘이다. 새로운 수준의 과제와 실력으로 올라가게 만드는 힘이다. 이상적으로 보면 사람은 자기가 하는 일을 즐기면서도 꾸준한 성장의 길을 걸어야 마땅하다. 하지만 현실은 그렇지 못하다. 몰입의 단계로 넘어가기에는 권태와 무력감이 너무 강하여 비디오처럼 이미 나와 있는 규격화된 자극으로 우리의 정신을 채우거나, 필요한 실력을 닦기도 전에 지레 겁부터 집어먹고 마약이나 술 같은 인위적 이완제가 가져다주는 몽롱한 상태로 가라앉는다. 최적의 경험을 하려면 힘이 있어야 하는데 우리에게는 첫발을 내디딜 기운조차 없는 경우가 흔하다.

사람들은 얼마나 자주 몰입을 경험할까? 가령 평범한 미국인에게 "일을 하다가 거기에 푹 빠져들어 시간 감각조차 잃어버리는 경험을 한 적이 있는가?"라는 질문을 던졌더니 다섯 명 중에 대략 한 명꼴로 그런 경험을 자주 한다고 대답하였다. 어떤 사람은 하루에도 여러 번 그런 경험을 하는 것으로 보고되었다. 반면 15퍼센트는 한 번도 그런 적이 없다는 반응을 보였다. 국가별로도 이 비율은 크게 차이나지 않는 것으로 보인다. 가령 최근에 6,469명의 독일인에게 같은 질문을 던졌더니 다음과 같은 결과가 나왔다. 그런 경험을 자주 한다가 23퍼센트, 가끔 한다가 40퍼센트, 거의 못한다가 25퍼센트, 전혀 못한다가 12퍼센트였다. 물론 가장 강렬했던 몰입의 경험만 들도록 요구하면 긍정적 응답의 비율은 크게 떨어질 것이다.

사람들은 화초 가꾸기건, 음악 감상이건, 볼링이건, 요리건, 대체로 자기가 가장 좋아하는 일을 할 때 몰입을 경험하는 것으로 알려져 있다. 또한 운전을 할 때나 친구들과 이야기를 나눌 때, 혹은 일을 할 때도 의외로 자주 나타난다. TV를 보거나 휴식을 취할 때처럼 수동적으로 임하는 여가 활동에서는 좀처럼 그런 체험이 보고되지 않는다. 명확한 목표가 주어져 있고, 활동 효과를 곧바로 확인할 수 있으며, 과제 난이도와 실력이 알맞게 균형을 이루고 있다면 사람은 어떤 활동에서도 몰입을 맛보면서 삶의 질을 끌어올릴 수 있다.

# 3

## 일과 감정

　삶의 질은 일평생 우리가 어떤 일을 하고 그 일을 하면서 무슨 생각을 하는지에 달려 있다. 사람이 저마다 하는 행동은 경험의 질에 영향을 미친다. 우울한 일만 하면서 평생을 보낸 사람이 인생을 행복하게 살았을 리 만무하다. 하나의 행동은 바람직한 특성과 바람직하지 못한 특성을 함께 가지고 있다. 가령 식사를 할 때 우리는 보통 때보다 바람직한 감정을 쉽게 느낀다. 하루 동안에 사람이 느끼는 행복지수를 그래프로 나타내면 가운데가 불룩 솟아오르는데, 그때가 바로 점심시간이다. 하지만 식사 중에는 정신의 집중도가 떨어지는 편이므로 몰입하기가 쉽지 않다.

　행동이 마음에 미치는 효과는 단선적으로 나타나지 않는다. 행동 하나하나가 다른 모든 활동과 복잡하게 얽혀 있기 때문이다. 사람은 음식을 먹으면 기분이 좋아지지만 하루 종일 먹기만

한다고 행복해지지는 않는다. 식사는 행복감을 높이지만 깨어 있는 시간 중에서 5퍼센트만을 거기에 투입할 때만 그렇다. 일과를 몽땅 식사에만 투자한다면 음식이 오히려 우리에게 고역으로 다가올 것이다. 우리가 좋아하는 다른 활동도 이와 같다. 섹스, 휴식, TV 시청은 정도가 심하지 않을 때는 일상생활의 질을 끌어올리지만 그 효과가 누적되지는 않는다. 수익 체감의 원리는 여기서도 적용된다.

여러 가지 활동을 하는 동안 사람이 어떤 느낌을 받는지 '표 2'에 간단히 소개하였다. 구체적으로 따져보면, 성인의 경우 일을 할 때(어린이는 공부를 할 때) 행복의 체감 수준은 평균치보다 떨어지며 의욕 수준 또한 평균치를 크게 밑돈다. 그러나 집중도는 비교적 높은 편이어서 다른 활동을 할 때보다는 정신 작용이 활발히 이루어지는 듯하다. 놀라운 것은 일을 하면서 자주 몰입 경험을 한다는 사실이다. 일은 과제의 난이도와 요구되는 실력의 수준이 비교적 높을 뿐 아니라 목표 또한 명확하고 효과도 즉시 나타나기 때문인 듯하다.

물론 '일'의 범주는 아주 넓어서 일의 개념을 정교하게 일반화하기란 불가능한지도 모른다. 우선 생각할 수 있는 것은 일에서 얻은 경험의 질이 일의 종류에 좌우된다는 점이다. 항공관제사에게 요구되는 집중도는 야간 경비원보다 훨씬 높다. 자영업자의 성취 의욕은 관공서에서 근무하는 공무원보다 훨씬 높다. 이런 차이에도 일이 가지는 공통성은 분명히 있다. 예컨대 사무직 사원이 직장에서 경험하는 경험은 그가 집에 있을 때 하는 경험보다 생산직 사원이 근무 중에 갖는 경험과 더 비슷하다.

일을 지나치게 일반화할 때 문제가 생길 수 있다. 같은 일이라

**표 2  일상생활과 경험의 질**

이 표는 최근 미국에서 성인과 10대를 대상으로 하루 일과를 연구 조사한 결과다. 다양한 활동을 통해 얻는 경험의 질을 다음과 같이 분류하였다(- 부정적, -- 아주 부정적, ○ 평균 또는 중간, + 긍정적, ++ 아주 긍정적).

| 생산 활동 | 행복감 | 의욕 | 집중력 | 몰입 |
|---|---|---|---|---|
| 근무나 공부 | - | -- | ++ | + |
| **유지 활동** | | | | |
| 가사 | - | - | ○ | - |
| 식사 | ++ | ++ | - | ○ |
| 몸단장 | ○ | ○ | ○ | ○ |
| 운전, 출퇴근 | ○ | ○ | + | + |
| **여가 활동** | | | | |
| TV 시청이나 독서 | ○ | ++ | - | - |
| 취미, 운동, 영화 | + | ++ | + | ++ |
| 담소, 교제, 섹스 | ++ | ++ | ○ | + |
| 휴식, 빈둥거리기 | ○ | + | - | -- |

출처 : 칙센트미하이와 칙센트미하이(1988), 칙센트미하이와 그래프(1980), 칙센트미하이와 르페브르(1989), 칙센트미하이, 라순드, 훼일런(1993), 커비와 칙센트미하이(1990), 라슨과 리처즈(1994).

도 상황에 따라 다르게 체험되는 다양성이 있기 때문이다. 사무직 사원은 회의실에 앉아 있는 것보다는 기획서를 놓고 씨름하는 것을 더 좋아할 수 있고, 생산직 사원은 재고품을 조사하는 것보다는 기계를 돌리는 일에 더 애정을 가질 수 있다. 그럼에도 사람이 일을 통해 얻는 경험은 다른 보통의 활동 범주와 명확히 구별되는 특성을 가지고 있다. 하는 일이 몰입 활동에 가까울수록 우리는 그 일에 깊숙이 빠져들고 우리의 경험은 더욱 긍정적으로 변한다. 만약 어떤 일이 명확한 목표, 뚜렷한 결과, 자신감, 힘에 부치지 않은 난이도, 정돈된 분위기를 줄 수 있다면, 그 일을 하면서 느끼는 감정은 운동을 하거나 예술 작품을 감상할 때 맛보는 희열과 크게 다르지 않을 것이다.

유지 활동은 경험의 질이 아주 다양하게 나타난다. 가사 노동을 즐기는 사람은 거의 없다. 대체로 부정적 반응이나 이도저도 아닌 어중간한 반응을 보인다. 그러나 좀 더 자세히 파고들면 같은 가사 노동이라도 집 안 청소보다는 요리를 선호하는 경향이 엿보인다. 세수나 옷 입기 같은 개개인의 몸단장은 긍정적 반응을 낳지도 부정적 반응을 낳지도 않는다. 앞서 보았듯이 식사는 영향력이나 의욕에서 하루 중 가장 긍정적 반응을 낳는 행위지만, 거기에 요구되는 인지 활동의 수준이 낮아서 몰입으로 이어질 가능성은 높지 않다.

운전도 유지 활동이라는 범주에서 만만찮은 비중을 차지하며, 놀라울 정도로 긍정적 반응을 낳는다. 운전은 행복지수나 동기 유발 차원에서는 중간 수준에 머물지만 기술과 집중력을 요구하므로 유독 운전을 할 때만 몰입하는 사람이 적지 않다.

하루 중에서 비교적 긍정적 경험이 많이 나타나는 쪽은 여가 시간이다. 여가 시간에 우리는 강한 의욕을 가지고 하고픈 일을 마음대로 하고 싶어 한다. 그러나 여기서도 뜻밖의 사실이 눈길을 끈다. 신문을 읽거나 TV를 보거나 그냥 쉬면서 보내는 수동적 여가는 그런 대로 즐거움을 주기는 하지만 정신 집중이 요구되지 않는 활동이라서 몰입으로 이어지기 어렵다. 이렇다 할 목적 없이 사람들과 만나서 노닥거리고 어울리는 행위는 특별히 정신 집중이 필요하지는 않지만 대체로 아주 긍정적인 반응을 낳는다. 연애나 섹스에서 가장 황홀한 경험을 맛본다는 건 부인하지 못할 사실이지만 보통 사람에게는 기회가 자주 찾아오지 않는다. 연애와 섹스는 정서적, 지적 보상이 동시에 주어지는 안정된 관계 속에서 이루어지지 않으면 삶의 질 전체에 뚜렷한 변화를 가져오기 어렵다.

능동적 여가도 아주 긍정적인 경험을 낳는다. 운동을 하거나 악기를 연주하거나 외식을 하거나 영화를 보러 갈 때처럼 자기가 좋아하는 일을 하면 사람들은 더 행복해하고 의욕이 넘치며 집중력이 높아져서 그 어느 때보다도 몰입 경험을 할 가능성이 높다. 바로 이 순간에 경험의 다양한 차원이 가장 밀도 있게 집약되면서 조화를 이룬다. 그러나 한 사람이 자유롭게 쓸 수 있는 시간 중에서 능동적 여가 활동이 차지하는 비중은 불과 4분의 1에서 5분의 1이라는 데 유념할 필요가 있다. 나머지 시간을 사람들은 TV 시청 같은 수동적 여가 활동으로 보낸다.

표 2를 이해하는 또 하나의 방식이 있다. 어떤 활동이 가장 행복한가, 어떤 활동이 사람을 가장 의욕적으로 만드는가 하고 물

어보라. 답은 대체로 이렇게 나온다. 사람들은 먹을 때, 여가를 능동적으로 즐길 때, 남들과 대화를 나눌 때 가장 큰 행복을 맛보며 직장에서 일을 하거나 집안일을 할 때는 별로 행복을 느끼지 못한다. 의욕도 비슷한 양상을 띤다. 한 가지 다르다면 사람들은 수동적 여가에서 별로 행복을 느끼지 못하면서도 그것을 원한다는 것이다. 집중력은 근무를 할 때, 운전을 할 때, 능동적으로 여가 활동에 임할 때 가장 높게 나타난다.

그러므로 삶의 질을 끌어올리려면 먼저 가장 보람찬 경험을 할 수 있도록 하루의 활동을 설계해야 한다. 말은 쉽다. 그러나 습관과 사회적 관성의 압력이 워낙 크게 작용하므로 우리는 어떤 일이 나에게 즐거움을 주고 스트레스를 주는지, 어떤 일이 나를 우울하게 만드는지 잘 알아차리지 못한다. 밤에 일기를 적거나 하루 일과를 반성하는 버릇을 들이면 내 기분에 영향을 미치는 요인이 과연 무엇인지를 차분히 추려낼 수 있다. 여기서 가장 높은 점수를 얻은 활동이 명확히 드러나면, 바람직한 활동은 빈도를 늘리고 그렇지 못한 활동은 빈도를 줄이는 새로운 실험에 나설 수 있을 것이다.

네덜란드에서 아주 규모가 큰 지역정신건강센터의 책임자로 있는 정신의학자 마르텐 데브리스는 그러한 가능성을 강하게 시사하는 사례를 보고하였다. 병원 당국은 ESM을 통하여 환자들이 하루 종일 어떤 일을 하고, 어떤 생각을 하고, 어떤 느낌을 받는지를 알아냈다. 10년이 넘게 그 병원에 입원해 있는 한 여인은 정신분열증을 심하게 앓고 있었다. 심각한 정신 질환을 앓는 사람들이 보통 그런 것처럼 그 여자도 머리가 아주 산만하고 감정도 무디기 이를 데 없었다. ESM 조사를 받은 2주 동안에 그 여자가 아주 만족스러운 느낌을 보고한 것은 딱 두 번이었다. 두 번 다 손톱을 다듬고 있을 동안이었다. 의료진은 밑져야 본전이라는 생각에 그 여자가 아예 손톱 다듬기를 화장 전문가에게 제대로 배울 수 있도록 주선하였다. 환자는 강의를 열심히 듣더니 얼마 안 가서 병원 환자들의 손톱을 도맡아서 다듬었다. 그 여자는 새사람이 되어 전문가의 관찰을 받으며 다시 사회생활을 할 수 있게 되었다. 나중에는 개업을 하였고 1년도 안 되어 생활 기반을 잡았다. 왜 이 여자가 손톱 다듬기에 매료되었는지는 아무도 모른다. 이런 사례를 정신분석학으로 그럴 듯하게 해석할 수도 있겠지만 여기서 중요한 것은 해석의 내용이 아니다. 중요한 것은 그 여자가 인생의 어느 단계에서 손톱 다듬는 일을 하면서부터 어렴풋하게나마 몰입을 경험하게 되었다는 사실이다.

이탈리아 밀라노대학에서 파우스토 마시미니 교수가 이끄는 연구진은 ESM을 변형하여 괜찮은 진단 수단으로 만들었다. 그들은 개개인의 특성에 맞추어 개입을 시도했다. 그런 개입으로 활동의 틀을 바꾸면 환자가 더 행복해지리라는 믿음이 있었던 것이다. 어떤 환자가 늘 외톨이로 지내면 연구자들은 일이나 자원봉사 활동에 그 사람을 자꾸만 끌어들여 남들과 어울릴 수 있게 했다. 대인공포증에 걸려 있는 사람이면 번잡한 도심을 함께 거닐거나 시끌벅적한 춤판이 벌어지는 곳으로 데려갔다. 환자는 안전한 병원과는 달리 불안한 상황에서도 의사가 옆에 있으면 다소 마음을 놓았고, 자기 삶을 개선시킬 수 있는 활동에 조금이나마 뛰어들 수 있었다.

창조의 재능이 있는 사람들은 어떤 일을 언제 누구와 같이 해야 최선의 결과를 얻을 수 있는지 잘 알고 있으며 또 거기에 맞춰 자신의 삶을 엮어나가는 데 남달리 뛰어나다. 자연스러움과 무질서가 필요하다면 그들은 망설임 없이 그것을 받아들인다. 소설가 리처드 스턴이 묘사하는 하루 일과의 '리듬'은 그래서 귀 기울일 만하다.

어디까지나 짐작이지만 다른 사람도 나와 리듬은 비슷하지 않나 싶다. 일을 하는 사람이면 누구나 틀이 있어서 혼자 있는 시간과 남들과 머리를 맞대는 시간을 정해놓는다. 말하자면 일종의 스케줄을 짜는 셈인데, 이것은 단순히 겉으로 드러나는 현상만을 뜻하지는 않는다. 내가 보기에 그것은 오히려 생리 기능과 호르몬 기능을 가진 유기체인 자아가 외부 세계와 맺는 관련의 문제다. 복잡하게 생각할 것 없다. 조간신문을 예로 들자. 나는 아주 오래전부터 아침에 신문을 읽는 버릇이 있었는데 몇 년 전부터 오전에 신문을 읽지 않기로 했다. 몇 해를 그렇게 하니까 하루의 리듬이 바뀌었다. 왜, 저녁이 되어 혈당이 떨어지면 와인 한 잔 생각이 간절해지지 않는가. 일에도 당연히 그런 리듬이 있는 법이다.

하루의 리듬은 한마디로 정의하자면 고독으로 들어가기와 고독에서 빠져나오기다. 사람이 혼자 있으면 우울하다가도 여럿이 모인 곳에 가면 다시 생기가 감돈다는 건 수많은 연구에서 확인된 결과다. 고립되어 지내는 사람이 행복을 느끼는 경우는 드물다. 의욕이 떨어지고 집중력도 저하되며 무기력해진다. 수동성,

외로움, 고립감, 열등감처럼 좋지 않은 감정의 상태가 꼬리를 물고 이어진다. 많이 배우지 못한 사람, 가난한 사람, 결혼을 하지 않았거나 이혼한 사람같이 기댈 만한 언덕이 별로 없는 사람일수록 혼자 있으면 약해진다. 남들과 같이 있으면 크게 드러나지 않는 병리 증세도 혼자 있으면 불거진다. 심각한 우울증이나 식욕 장애 진단을 받은 사람이 만일 남들과 같이 지내고 집중력이 필요한 일을 한다면 건강인의 심리 상태와 구별하기 어렵다. 하지만 아무 할 일이 없을 때 그 사람의 마음은 우울한 상념에 점령당하기 시작하고, 의식 또한 혼돈스러워진다. 정도는 덜하지만 누구에게나 관찰되는 현상이다.

그 원인은 무엇일까? 아무리 낯선 사람이라도 남과 어울릴 때 우리 주의력은 외부의 요구에 의해 구조화된다. 타인이 눈앞에 있다는 사실 자체가 목표를 제공하고 행동의 결과를 곧바로 알려주는 효과를 낳는다. 남에게 시간을 물어보는 아주 간단한 교섭도 어느 정도의 사교술이 동원되어야 하는 결코 만만찮은 행위다. 거리에서 처음 보는 사람에게 좋은 인상을 남기느냐 못 남기느냐는 목소리, 웃음, 몸짓에 크게 좌우된다. 친밀한 사이일수록 우리가 느끼는 어려움은 더욱 커질 수 있고 더 많은 정성이 필요할 수 있다. 이렇게 타인과의 교제에는 집중이 필요하다. 반면에 아무것도 하는 일 없이 혼자 있을 때는 정신력을 집중할 필요가 없어서 마음이 서서히 무너지고 무언가 걱정거리를 찾게 된다.

보통 친구들과 같이 있을 때 가장 긍정적인 경험을 한다. 이럴 때 사람들은 자신이 행복하고 빠릿빠릿하고 붙임성 있고 명랑하며 의욕적이라는 느낌이 든다고 이구동성으로 말한다. 10대에서 특히 그런 경향이 두드러지게 나타나는데 70대나 80대의 은퇴한 노인이라고 해서 예외는 아니다. 우정의 중요성은 백번 강조해도 지나치지 않다. 자기 고민에 귀 기울여주고 용기를 불어넣어주는 사람이 단 한 사람만 있어도 삶의 질은 이만저만 달라지는 게 아니다. 어떤 여론 조사에 따르면 중요한 문제를 상의할 수 있는 친구가 다섯 명 이상 된다고 말하는 사람이 "아주 행복하다"고 말할 확률은 60퍼센트를 넘는다고 한다.

가족과 함께 지내는 경우 경험의 질은 중간 정도다. 친구들과 있을 때처럼 즐겁지는 않지만 혼자 있을 때처럼 죽을 맛도 아니다. 결과적으론 중간값이 나왔지만 여기에도 적지 않은 편차가 있다. 집에 처박혀 있는 것이 고역처럼 여겨지는 순간이 있는가 하면 내가 언제 그랬느냐 싶게 가정이 천국처럼 여겨질 때도 있다. 성인은 일할 때 다른 때보다 더 집중을 하고 머리를 쓰지만 집에 있을 때처럼 의욕을 느끼거나 행복감을 맛보지는 못한다. 아이들도 비슷하다. 학교에 있을 때와 집에 있을 때의 마음가짐이 어른처럼 다르게 나온다. 한 가족인데도 각자가 느끼는 감정은 조금씩 다르다. 예를 들어 아버지는 자식과 같이 있으면 대개 즐거워한다. 아이들도 초등학교 5학년까지는 대체로 그렇다. 그런데 학년이 올라가면 아버지와 함께 있는 것을 부담스러워하는 아이들이 많아진다(적어도 중학교 2학년까지는 그렇다. 그 이상 학년에 대해서는 조사된 바가 없다).

여럿이 함께 있는 것이 경험의 질에 강한 영향을 미친다는 사실은 대인 관계에 에너지를 쏟는 것이 삶의 질을 끌어올리는 지혜로운 방법이라는 점을 시사한다. 동네 술집에서 하나 마나 한 이야기를 주고받으며 시간을 때우는 것도 우울증에서 벗어나는 데는 확실히 효과가 있지만, 정말로 성숙해지려면 대화를 통해 자극을 얻을 수 있는 참신한 사고를 가진 상대를 만나야 한다. 그러나 뭐니 뭐니 해도 가장 긴요한 것은 결국 고독을 견디는 능력, 아니, 고독을 즐기는 능력일지도 모른다.

하루의 삶은 집, 자동차, 직장, 길거리, 식당 같은 다양한 공간에서 펼쳐진다. 어떤 활동을 하느냐, 누구와 함께 있느냐 못지않게, 어디에 있느냐 하는 것도 우리가 갖는 경험의 질에 영향을 미친다. 10대 청소년은 어른의 간섭이 미치지 않는 공원 같은 장소에 있을 때 가장 편안해한다. 반면 학교나 교회처럼 남들의 기대에 맞추어 행동해야 하는 곳에서는 답답해한다. 어른들도 친구와 스스럼없이 어울리면서 마음 놓고 지낼 수 있는 공간을 좋아하는 편이다. 여자들은 특히 더 그렇다. 오랜만에 가사에서 벗어났다는 해방감을 느낄 수 있다. 남자들은 사람을 만나도 직무와 관련된 일이 많아서인지 여자만큼 홀가분함을 못 느끼는 듯하다.

자동차를 몰면 자유로움을 느끼고 자신감이 생긴다고 말하는 사람이 많다. 그들은 자동차를 '사색의 기계'라고 말하는데, 그것은 운전하는 동안 자기 문제에만 몰두할 수 있고 아늑한 고치처럼 그 안에서 감정의 갈등을 치유할 수 있기 때문이라고 한다. 시카고의 한 제철소 직원은 감당하기 어려운 문제가 생기면 퇴근길에 차를 몰고 곧바로 미시시피 강으로 달려가 강둑의 야영장에서 두어 시간 머물면서 흐르는 강물을 말없이 지켜본다. 그러고는 차를 몰고 돌아오는데, 도착할 무렵이면 미시간 호에 동녘 햇살이 비치고 그는 마음의 평화를 얻는다. 자동차가 화합의 장소로 쓰이는 가정도 적지 않다. 집에서는 부모와 아이들이 이 방 저 방 뿔뿔이 흩어져서 각자 다른 일을 하지만 일단 자동차에 오르면 함께 대화하고 노래 부르고 즐거운 놀이도 할 수 있기 때문이다.

같은 방이라도 조금씩 다른 뉘앙스를 풍긴다. 그 안에서 이루어지는 활동의 성격이 다르기 때문이다. 여자가 집에서 가장 편안함을 느끼는 공간은 욕실과 주방이다. 욕실은 집안 식구들에게 시달리지 않는 자유로운 공간이며, 주방은 가장 자신 있고 또 그런 대로 즐거움도 주는 요리의 공간이기 때문이다(사실은 남자가 여자보다 요리하기를 훨씬 더 좋아하는 듯한데, 이것은 아마 남자가 요리하는 시간이 여자의 10분의 1도 안 되고 주로 기분이 내킬 때만 요리하기 때문이 아닐까).

살아가는 환경이 한 사람의 마음에 어떤 영향을 미치는가를 글로 쓴 사람은 많지만 그런 주제가 체계적으로 정리되어 나온 경우는 의외로 드물다. 오래전부터 예술가, 학자, 신비주의자는 평정과 영감을 낳을 수 있는 공간을 세심하게 골랐다. 불교 승려들은 갠지스 강 상류를 터전으로 삼았고, 중국의 학자들은 그림 같은 섬에 지은 정자에서 글을 썼으며, 기독교의 수도원은 전망 좋은 언덕 위에 자리 잡고 있다. 지금도 웬만한 기업의 연구소는 물오리가 노니는 호수를 끼고 있거나 수평선이 바라보이는 탁 트인 언덕 위에 서 있다.

뛰어난 창조적 재능을 보여준 사상가와 예술가의 말을 믿어보자면, 마음에 드는 경관이야말로 영감과 창조력의 샘이다. 코모 호수를 낭만적으로 묘사한 프란츠 리스트의 글을 떠올리지 않을 수 없다.

"나를 둘러싼 자연의 다채로운 모습이 영혼 깊숙한 곳에 정감을 불러일으킨 듯했고…… 나는 그걸 음악에 담으려고 노력하였다."

1967년에 노벨화학상을 수상한 만프레드 아이겐은 전 세계 과학자들을 초대하여 함께 스키를 타고 과학적 토론을 나누던 스위스 알프스의 겨울 여행에서 가장 중요한 통찰을 얻은 적이 많았노라고 술회한다. 보어, 하이젠베르크, 찬드라세카르, 베테 같은 물리학자들의 전기를 읽으면 만약 등산이란 것이 없고 밤하늘을 볼 수 없었다면 그들의 과학도 무르익지 못했으리라는 인상을 받게 된다.

경험의 질에 창조적 변화를 가져오기 위해서는 무슨 일을 누구와 하느냐 못지않게 어떤 여건에서 하느냐에도 신경을 써야 한다. 산책과 휴가는 마음을 깨끗이 하고 관점을 바꾸며 자기의 상황을 새로운 눈으로 바라볼 수 있는 절호의 기회다. 거추장스러운 물건을 버리고 자기 취향을 살려 집이나 사무실 분위기를 안락하고 편안하게 만드는 것이야말로 타성에 젖은 삶에서 벗어나려는 사람이 가장 먼저 시도해야 할 일인지도 모른다.

바이오리듬이 중요하다, 월요일은 특히 스트레스가 많이 쌓이는 날이다, 라는 말에서도 알 수 있듯이 하루의 질감은 아침부터 밤까지 시시각각으로 달라진다. 이른 아침과 밤늦은 시간은 바람직한 감정이 깃들기 어렵다. 반면 점심시간과 오후에는 바람직한 감정이 가장 활발해진다. 가장 큰 변화는 아이가 학교 교문을 나서거나 어른이 퇴근을 할 때 나타난다. 의식을 구성하는 모든 내용이 동일한 방향으로 변하는 건 아니다. 저녁 시간을 밖에서 보내는 청소년은 시간이 흐를수록 신이 나는 반면 스스로에 대한 통제감은 점점 사라진다고 실토한다. 여기서 말한 것은 어디까지나 전반적 추세가 그렇다는 것이고, 개개인의 차이를 무시할 수는 없다. 가령 아침잠이 없는 사람과 밤잠이 없는 사람은 시간을 활용하는 방식이 극명하게 다르다.

같은 일주일 안에서도 사람들이 싫어하는 요일이 있다고 하지만 대체로 사람들이 요일별로 느끼는 감정의 차이는 그리 크다고 볼 수 없다. 누구나 예상할 수 있겠지만 금요일 오후와 토요일은 일요일 저녁과 월요일 아침보다 조금 낫다. 하지만 그 차이는 예상외로 크지 않다. 중요한 것은 우리가 시간을 어떻게 설계하느냐다. 무위도식하는 사람에게는 일요일 오전이 괴롭게 다가오겠지만, 미리 약속한 일이 있거나 교회에 예배를 보러 가는 낯익은 행사가 기다리는 사람에게는 일주일 중 가장 즐거운 날이 그날이다.

한 가지 흥미로운 사실이 눈에 띄는데, 그것은 사람들이 주말에, 그리고 때로는 공부나 일을 하지 않고 있을 때 두통이나 요통 같은 몸의 이상을 호소하는 빈도가 확연히 늘어난다는 점이다. 암에 걸린 여성도 친구들과 같이 있거나 무슨 일인가에 빠져 있으면 고통을 견디지만 아무 일 없이 혼자 있는 시간에는 살인적인 통증을 느낀다. 정신이 구체적 과업에 쏠려 있지 않을 때 몸은 자기 안에서 벌어지는 현상에 민감하게 반응한다. 이것은 앞서 말한 몰입 경험과 같은 맥락이다. 박빙의 승부를 펼치는 체스의 고수들은 배가 고프거나 머리가 아파도 그것을 느끼지 못한다. 시합에 나선 선수들은 시합이 끝나기 전까지 통증과 피로를 까맣게 잊어버린다. 정신이 다른 곳에 집중되어 있을 때는 사소한 아픔 따위는 의식에 기록될 수 있는 기회를 갖지 못한다.

이 경우에도 역시 어떤 리듬이 나 자신한테 가장 맞는지를 발견하는 것이 중요하다. 누구에게나 좋은 요일이나 시간은 정해져 있지 않다. 반성 시간을 가지면 자신의 취향을 알아내는 데 도움이 된다. 더 일찍 일어난다든가 오후에 낮잠을 잔다든가 식사 시간을 바꾼다든가 하는 식의 다양한 실험을 시도하는 것도 최선의 리듬을 파악하는 데 유익하다.

이제까지 든 예에서 우리는 마치 사람은 무엇을 하고 누구와 같이 있고 어디에 있는가에 따라 그 내면이 영향을 받는 수동적 대상인 것처럼 말했다. 일면 타당한 구석도 없지 않지만, 궁극적으로 중요한 것은 외부 조건이 아니라 그것을 우리가 어떻게 이용하는가다. 집에서 혼자 살림을 하면서도 행복을 느끼고, 직장에서 의욕적으로 일하고, 아기와 대화에 몰입하는 것은 얼마든지 가능하다. 바꾸어 말하면 눈부신 일상생활은 결국 무엇을 하는가가 아니라 일을 어떻게 하는가에 달려 있다.

머리에 담긴 정보를 바꿈으로써 경험의 질을 곧바로 조절할 수 있는 가능성을 고찰하기 전에 장소, 사람, 활동, 시간대 같은 일상의 환경이 가지는 영향력을 먼저 짚고 넘어갈 필요가 있다. 탈속을 하여 아무리 내공을 깊이 쌓은 수도자에게도 유독 마음이 끌리는 나무가 있고, 유달리 맛있는 음식이 있으며, 왠지 가까이 가고픈 사람이 있게 마련이다. 하물며 보통 사람인데, 자신이 몸담고 살아가는 상황에 얼마나 많이 좌우되겠는가.

그러므로 삶의 질을 끌어올리려면 먼저 우리가 매일 하는 것을 세심하게 관찰하여 어떤 활동, 어떤 장소, 어떤 시간, 어떤 사람 옆에서 우리가 어떤 감정을 느끼는가를 포착해야 한다. 식사 시간에 행복을 느낀다든가 여가를 적극적으로 즐기는 동안 곧잘 몰입 경험에 이르는 것은 누구에게나 확인되는 성향이지만, 우리는 여기서 의외의 사실을 발견할 수도 있다. 우리는 실은 혼자 있는 것을 더 좋아하고 있었는지도 모른다. 우리는 뜻밖에도 일하기를 더 좋아했는지도 모른다. TV를 보는 것보다 책을 읽는 데서 더 큰 즐거움을 맛보았는지도 모르며 혹은 그 반대인지도 모른다. 이처럼 인생은 이런 식으로 살라고 누가 정해놓은 규칙이 있는 게 아니다. 중요한 것은 나에게 맞는 삶의 방식을 찾아내는 일이다.

# 4

## 일의 역설

　사람은 살아가면서 쓸 수 있는 시간 중 3분의 1을 일하며 보낸다. 일은 우리에게 퍽 묘한 경험을 안긴다. 가장 강렬하고 만족스러운 순간을 경험하게 되고, 자부심과 자기 정체성 또한 일에서 얻는 경우가 많지만, 보통 사람들은 그런 일을 어떻게 해서든 피하려고 든다. 얼마 전에 나온 조사에서 미국 남성의 84퍼센트와 미국 여성의 77퍼센트는 부모로부터 유산을 많이 물려받아 굳이 일할 필요가 없다 하더라도 계속 일하겠다고 응답했다. 그런가 하면 누차에 걸쳐 조사된 ESM의 집계에서, 일하고 있는 동안 설문지에다 지금의 감정 상태를 기재하라는 연락을 받은 응답자들은 "다른 걸 했으면 좋겠다"에 동그라미를 치는 비율이 하루 중 그 어느 때보다도 높았다. 이 모순된 태도는 두 사람의 저명한 독일 사회과학자가 연구한 내용에서도 확인된다. 그들은 같은 조사 결과를 놓고 상반된 결론을 내렸다. 한 사람은 독일의 직장인은 일하기를 싫어하는데 일을 싫어하는 사람이 전체적으로 더 행복을 느낀다고 주장했다. 그러자 또 한 연구자는 직장인들이 일을 싫어하는 이유는 언론의 이념적 세뇌를 받았기 때문이며 일하기를 좋아하는 사람이 더 풍요한 삶을 누리고 있다고 응수했다. 문제는 두 사람의 결론을 모두 뒷받침하는 합리적 증거가 있다는 점이다.

투입되는 시간의 양이나 우리의 의식에 남기는 여파의 강도로 보아 일이 그토록 막중한 의미를 갖는다면 삶의 질을 끌어올리려는 사람은 이와 같은 일의 이중성을 직시할 줄 알아야 한다. 그러기 위해서는 먼저 일이 역사 속에서 어떻게 전개되어왔는지를 간단히 살피고, 지금도 우리의 태도와 경험에 영향을 미치고 있는, 일에 부여되고 있는 그 모순된 가치의 정체를 따져보는 것이 좋겠다.

우리가 알고 있는 노동으로서의 일은 역사적으로 아주 최근에 등장한 것으로 약 1만 2,000년 전 대규모 경작의 물꼬를 튼 농업혁명이 일어나기 전까지는 없었던 현상이다. 그전까지 수백만 년 진화해오는 동안 인간은 자기 자신과 가족의 먹거리만 조달하였다. 다른 누군가를 위해 일한다는 개념은 애당초 없었다. 수렵채취인에게 일은 삶의 나머지 영역과 하나가 되어 있었다.

서구 문명의 모태가 된 그리스 로마의 철학자들은 일은 안 할수록 좋은 것이라고 강조하였는데, 이는 당시 사람들의 사고방식을 반영한 말이었다. 게으름이 미덕으로 받아들여졌다. 아리스토

텔레스에 따르면 오직 일하지 않는 사람만이 행복할 수 있었다. 로마 철학자들도 "품삯을 받는 일은 천해서 자유민에게는 어울리지 않으며 수공업자의 일도 천하기는 마찬가지고 장사치의 일 역시 그렇다"면서 선배 철학자의 견해에 동조했다. 기름진 땅을 정복하거나 사들인 다음 관리인을 고용하여 노예나 소작농의 경작을 감독하는 것이 그들의 이상이었다. 제정 로마 시대에는 성인 남자의 20퍼센트가 일을 하지 않았다. 그들은 한가로운 삶을 더없이 뿌듯하게 여겼다. 공화정으로 접어들면서 이러한 믿음에 약간의 내실이 갖춰졌다. 지배층은 남아도는 시간을 죽일 겸 군인이나 행정관리로 자원하고 나섰는데, 이것은 사회적 공헌도 적지 않았지만 개인의 잠재력을 유감없이 발휘할 수 있는 기회가 되었다. 그러나 몇 세기를 무사안일하게 보내다 보니 유한계급은 공적 활동에서 차츰 물러나 앉아 남아도는 시간을 사치와 도락에 쏟아부었다.

유럽에서 일의 성격이 확 바뀐 것은 지금으로부터 500년 전이다. 그러다가 200년 전에 또 한 차례 획기적 변화가 일어났고 지금도 빠른 속도로 변모를 거듭하고 있다. 13세기까지만 해도 일에 필요한 에너지는 거의 사람이나 가축의 근육에 의존하였다. 물레방아 같은 원시적 도구 몇 가지가 다소 부담을 덜어주었을 따름이다. 그러다가 다종다양한 기어를 단 풍차가 서서히 보급되어 곡식을 빻고, 물을 긷고, 쇠를 벼리는 용광로에 바람을 불어넣는 일을 맡기 시작하였다. 증기기관이 개발되고 뒤이어 전기가 발명되면서 우리가 에너지를 변화하고 생활을 꾸려나가는 방식에 혁명이 일어났다.

육체적 노력으로 이해되었던 일이 숙련된 활동으로, 인간의 독창성과 창조성을 구현하는 활동으로 인식되기 시작한 것은 이러한 기술 혁신의 부산물 덕이었다. 칼뱅이 활동하던 시대에 이미 '노동 윤리'는 진지한 성찰의 대상이었다. 훗날 마르크스가 고전적 노동관을 뒤집어, 오직 생산 활동을 통해서만 인간의 잠재력을 구현할 수 있다고 부르짖은 것도 바로 그런 맥락이었다. 마르크스의 주장은 오직 여가만이 인간을 자유롭게 한다는 아리스토텔레스의 주장과 정면으로 대치되는 것은 아니다. 다만 19세기에 들어와서 일에 창조의 기능이 강화되었을 따름이다.

제2차 세계대전 이후로 풍요를 구가하던 수십 년 동안 미국인이 가졌던 일자리는 대부분 따분하고 재미가 없었지만 그래도 괜찮은 보수와 안정된 생활을 보장해주었다. 그러면서 일의 성격이 바뀌는 새로운 시대가 열릴 것이라는 예측이 무성했는데, 예를 들어 일이 깡그리 없어지거나 일주일에 몇 시간 근무하는 감독 업무가 주가 될 것이란 소리도 나왔다. 이러한 전망들이 얼마나 허무맹랑한 것인가를 깨닫는 데는 오랜 시간이 걸리지 않았다. 범지구 차원에서 전개되는 경쟁으로 아시아와 남미의 저임 인구가 노동 시장에 가세하면서 미국의 일자리는 다시금 불안한 상황을 맞이하고 있다. 사회가 짜놓은 안전망이 찢겨나갈 지경에 이르면 사람들은 미래를 보장받지 못한 상태에서 불리한 조건을 감수하며 일할 수밖에 없다. 그래서 우리는 20세기가 저물어가는 지금도 일의 뿌리 깊은 이중성 앞에서 고민하고 있다. 일이 우리 삶에서 가장 중요한 요소의 하나라는 걸 알면서도 정작 일을 하는 동안엔 거기에서 벗어나고픈 유혹에 시달리는 것이다.

어떻게 하다가 이렇듯 모순된 태도가 자리 잡게 되었을까? 성인으로서의 직업 활동에 필요한 실력과 규율을 요즘 자라나는 세대는 어떻게 배우는 것일까? 결코 우습게 보아 넘길 물음이 아니다. 세월이 흐를수록 일은 점점 복잡해지게 마련이어서, 자라나는 세대는 자신들이 어른이 되었을 때 어떤 일자리가 기다리고 있으며 그 일자리를 얻기 위하여 어떤 준비를 해야 하는지 종잡기 어렵다.

우리는 예전에 세계 전역에서 일관되게 나타났던 모습을 알래스카와 멜라네시아의 수렵 사회나 어로 사회에서 지금도 확인할 수 있다. 그곳 아이들은 아주 어려서부터 부모가 하는 일을 도와주다가 어느새 어른 못지않은 실력을 자연스럽게 익히게 된다. 이누이트족 남자아이는 두 살 때부터 장난감 활을 가지고 놀면서 활쏘기를 익힌다. 네 살이 되면 새를 잡을 줄 알아야 하고 여섯 살이 되면 토끼 한 마리는 거뜬히 쏘아 맞혀야 한다. 그다음에는 순록이나 바다표범에 도전해야 한다. 여자아이는 어른들을 도와 생가죽을 다듬고, 요리와 바느질을 하고, 어린 동생을 보살피는 일을 하면서 사내아이와 비슷한 성숙의 길을 밟는다. 이다음에 크면 무엇을 해야 하나라는 물음은 애초부터 없다. 선택의 여지가 없고 어른이 되어 할 수 있는 생산 활동의 길은 단 하나뿐이다.

1만 년 전 농업 혁명으로 도시가 탄생하자 차츰 전문 직종이 생겨났고, 자라나는 세대에게는 선택의 폭이 다소 넓어졌다. 그러나 대부분의 젊은이는 부모가 하던 일을 그대로 이어받았고, 불과 몇 세기 전가지만 하더라도 그 주종은 농사였다. 16세기에서 17세기로 접어들자 수많은 젊은이들이 농촌에서 도시로 몰려들어 막 싹이 돋아난 도시 경제에서 자신의 운명을 개척하려고 노력하였다. 어느 자료에 따르면 유럽의 어느 지역에서는 열두 살 이하의 시골 소녀 중에서 80퍼센트가 농사짓는 부모의 곁을 떠났고 소년은 그보다 평균 2년 늦게 부모 곁을 떠났다고 한다. 런던이나 파리에서 그들을 기다리는 일자리는 가정부, 마부, 짐꾼, 세탁부 같은 요즘 식으로 말하면 서비스 직종이 대부분이었다.

지금은 사정이 확 달라졌다. 얼마 전에 우리는 미국의 10대 청소년 몇 천 명에게 이다음에 커서 무슨 직업을 갖고 싶은지 물었다. 그 결과는 '표 3'에 나와 있다. 응답 결과를 보면 청소년들이 전문 직종에 대해 터무니없이 높은 기대를 걸고 있음을 알 수 있다. 응답자 가운데 15퍼센트가 의사나 변호사를 지망하였는데, 1990년도 미국 인구조사 통계에 따르면 변호사와 의사가 노동 인구에서 실제로 차지하는 비율은 1퍼센트 안팎에 머물고 있다. 프로 선수를 꿈꾸는 244명의 청소년들도 실망을 면할 길이 없겠다. 그들은 자신들에게 찾아올 수 있는 기회를 500배나 부풀려 보고 있기 때문이다. 도시 빈민가의 아이들과 넉넉한 교외의 중산층 아이들이 전문 직종을 지망하는 비율은 엇비슷하지만, 미국의 일부 도시에서는 흑인 젊은이의 실업률이 50퍼센트에 육박하는 것이 오늘의 현실이다.

청소년들이 장래 직업에 현실 감각이 없는 것은 어른들의 직업 성격 자체가 빠르게 변하는 데도 원인이 있지만, 의미 있는 직업 선택의 기회라든가 보고 배울 만한 직업인을 주위에서 쉽게 접할 수 있는 기회가 극히 제한되어 있기 때문이다. 일반인의 예상과는 달리, 집안이 넉넉한 10대 청소년들이 가정 형편이 어려운 청소년보다 아르바이트를 더 많이 한다. 뿐만 아니라 부유하고 안정된 환경에서 자란 아이가 집안에서, 동네에서, 지역 사회에서 보람 있는 직업을 접할 기회가 훨씬 많다. 실제로 장래 건축가가 되겠다는 포부를 가진 열다섯 살 먹은 학생이 친척이 경영

**표 3** 미국의 10대가 희망하는 장래 직업

미국 청소년 3,891명을 대상으로 실시한 면접 조사에서 나온 10대 희망 직업.

| 직종 | 순위 | 백분율 |
|---|---|---|
| 의사 | 1 | 10 |
| 기업가 | 2 | 7 |
| 변호사 | 3 | 7 |
| 교사 | 4 | 7 |
| 운동선수 | 5 | 6 |
| 엔지니어 | 6 | 5 |
| 간호사 | 7 | 4 |
| 회계사 | 8 | 3 |
| 심리학자 | 9 | 3 |
| 건축가 | 10 | 3 |
| 기타 | – | 45 |

출처 : 비드웰, 칙센트미하이, 헤지스, 슈나이더(1997) 참고.

하는 건축사무소에서 설계를 배우거나 이웃집의 증축 설계를 돕거나 인근의 건설 회사에서 인턴으로 일하는 경우를 심심찮게 볼 수 있다. 물론 그런 기회는 누구에게나 찾아오는 것이 아니다. 빈민가의 고등학교에서 가장 인기 있는 비공식 구직 알선자는 바로 학교 수위다. 똘똘한 남학생을 깡패 조직에 연결시켜주고 예쁘장한 여학생을 모델업계에 소개하는 식이다.

　ESM 조사 결과를 보면 청소년들은 기성세대가 일에 대해 갖고 있는 이중적 태도를 아주 일찍부터 배우는 것으로 나타난다. 열한두 살이 되면 벌써 아이들은 일반 사회인이 전형적으로 보이는 사고방식을 내면화한다. 지금 하고 있는 일이 '일'처럼 생각되느냐 '놀이'처럼 생각되느냐 물어보면, 6학년 아이들은 학교 공부는 일 같고 운동 시합은 놀이 같다고 약속이나 한 듯이 대답한다. 재미있는 건, 청소년들은 대체로 자신이 일로 여기는 활동을 할 때 이 일이 자신의 앞날에 중요한 의미를 가지며, 이것이 고도의 집중력을 요구하고 자부심을 높여준다고 대답한다는 점이다. 그렇지만 막상 일 같은 활동을 할 때는 의욕이나 만족의 수준이 평균치를 밑돈다. 놀이처럼 여겨지는 활동은 대수롭게 여기지 않고 굳이 집중하지 않아도 된다는 걸 알지만, 그때는 의욕이나 만족감이 올라간다. 달리 말하자면, 초등학교 고학년 정도 되면 필요하지만 내키지 않는 일과 쓸모없지만 즐거운 일을 확연히 구분할 줄 안다. 중학교에 들어가면 그 골은 한층 깊어진다.

　이런 학생들이 나중에 직장에서도 똑같은 체험을 한다. 미국의 청소년은 열에 아홉이 고등학교를 다닐 때 많든 적든 직장 경험을 한다. 이것은 미국처럼 과학 기술이 고도로 발달한 다른 선진국, 가령 독일이나 일본과 비교할 때 매우 높은 비율이다. 독일과 일본의 학부모들은 아이들이 장래 직업과는 무관한 아르바이트를 하느라 에너지를 분산시키기보다는 될 수 있는 대로 학업에 전념하기를 바란다. 우리가 실시한 조사에서 미국 고등학교 1학년생의 57퍼센트, 고등학교 3학년생의 86퍼센트가 봉급을 받고 일한 경험이 있다고 응답하였다. 대개는 패스트푸드점 종업원이나 점원, 영업사원, 아이 보는 일이었다. 일을 하는 청소년들을 추적해보면 자부심이 아주 높게 나타났다. 그들은 자기가 하는 일이 고도의 집중력을 요구하는 중요한 일이라고 생각한다. 그러나 일하는 시간은 수업 시간처럼 고통스럽지는 않을지라도 즐거움을 만끽하는 것과는 거리가 멀었다. 결국 일에 대하여 갖는 모호한 태도는 사회생활에 첫발을 내딛는 순간 이미 굳어져버리는 것이다.

그러나 청소년들이 가장 끔찍하게 여기는 건 그런 일이 아니다. 그들은 일 같지도 않고 놀이 같지도 않은 걸 할 때 가장 괴로워한다. 이를테면 평범한 유지 활동, 수동적 여가 행위, 그렇고 그런 만남에서 느끼는 감정이다. 그때 이들의 자부심은 바닥으로 떨어진다. 자기가 하는 행동이 조금도 중요하지 않다고 여기는 탓이다. 자연히 만족감이나 의욕도 평균치 아래로 떨어진다. 청소년은 하루 시간의 35퍼센트를 '일 같지도 않고 놀이 같지도 않은 행동'을 하면서 보낸다. 특히 부모의 교육 수준이 낮은 집안의 아이들은 자기가 하는 행동의 절반 이상이 그렇다고 생각한다. 별로 중요하지도 않고 그렇다고 즐겁지도 않은 일로 소일하면서 자란 사람은 나중에 어른이 되어서도 인생에서 이렇다 할 의미를 발견하기 어려울 것이다.

어린 시절의 태도는 우리가 나중에 커서 일을 받아들이는 자
세에 두고두고 큰 영향을 미친다. 직장 일에 몸과 마음을 쏟아붓
는 사람은 자기가 하는 일이 중요하다고 생각하기 때문에 일을
하는 동안 스스로 만족스러워한다. 그러나 그들은 집에 있을 때
만큼 의욕이 없으며 기분도 좋지 않다. 기업체의 간부들은 월급
도 훨씬 많이 받을 뿐 아니라 사회적 신분도 높고 상대적으로 더
많은 자유를 누리지만 그렇다고 해서 이들이 반드시 훨씬 창조
적이면서 적극적으로 직무에 임하는 것도 아니며, 하위직 사원
이나 생산직보다 불만을 덜 느끼는 것도 아니다.

집 밖에서 하는 일을 받아들이는 방식에도 남녀 차이가 나타
난다. 전통적으로 남자의 정체성과 자부심은 자신과 가족이 쓸
수 있는 에너지를 주위에서 어떻게 구해오느냐에 뿌리를 두고
있었다. 남자가 필요한 일을 해서 얻는 만족감이 부분적으로 유
전에 뿌리를 둔 것이든 아니면 몽땅 문화로부터 배운 것이든, 중
요한 것은 극히 일부 지역을 제외하고는 세계 어디를 가건 가족
을 먹여 살리지 못하는 남자는 무능력자 취급을 받는다는 사실
이다. 반대로 여자의 자긍심은 전통적으로 자식을 키우고 가족
에게 쾌적한 물질적, 정서적 환경을 제공하는 데서 나왔다. 성별
차이에 대한 고정 관념을 깨뜨리기 위해 사람들이 부단히 노력
해온 것은 사실이지만 편견은 여전히 남아 있다. 10대 소년들은
아직도 경찰관, 조종사, 기술자가 되고 싶어 하며, 소녀들은 주
부, 간호사, 교사가 되고 싶어 한다. 물론 요즘에는 의사나 변호

사 같은 전문직을 희망하는 소녀의 비율이 또래 소년에 비해 훨씬 높아졌지만 말이다.

유급 노동이 남자와 여자의 심리 구조에서 차지하는 비중이 이처럼 다르기 때문에 일에 대하여 남녀가 보이는 반응도 대체로 다르게 나타난다. 오직 일을 위해서 살아가는, 수적으로는 그렇게 많지 않은 맹렬 직장 여성을 제외하고라도, 서비스 직종이나 사무 직종에서 일하는 대부분의 여성은 바깥일을 의무가 아니라 스스로 원해서 하는 것이라고 생각하는 편이다. 자발성이 두드러지게 나타난다. 여성들에게 일은 마치 놀이와도 같아서 할 수도 있고 안 할 수도 있는 것이다. 대다수 여자들은 직장에서 무슨 일이 일어나든 별로 중요하지 않다고 여기며, 그래서 역설적으로 일을 즐길 수 있다. 설령 일이 잘 안 풀려서 직장에서 해고된다 해도 크게 자존심 상해하지 않는다. 남자와는 달리 여자는 가족에게 어떤 일이 생기느냐에 더욱 촉각을 곤두세운다. 부모가 가난하다거나 아이가 학교에서 말썽을 부리는 것이 직장에서 생기는 문제보다 여자에게는 더 큰 마음의 부담으로 다가온다.

그런 차이가 있는 데다 가사 노동과의 비교 의식도 작용해서인지 여자들은 대체로 실직을 남자보다 긍정적으로 받아들인다. 부부가 다 직장에 다니는 커플을 상대로 실시한 ESM 조사에서 리드 라슨은 사무 업무, 컴퓨터 작업, 판매, 회의, 전화 업무, 자료 읽기 등을 여자가 남자보다 비교적 긍정적으로 받아들인다는 사실을 발견하였다. 직무와 관련하여 여자가 남자보다 긍정적으로 받아들이지 않는 유일한 경우는 직장에서 가져온 일을 집에서 해야 할 때였다. 이것은 여자들이 집에서 가사에 그만큼 부담을 느끼기 때문으로 풀이된다.

가정과 직장에서 맞닥뜨리는 이중의 어려움은 여자의 자부심에 큰 부담으로 작용한다. 어린아이를 둔 정규직 여성, 시간제 근무직 여성, 또는 일주일에 몇 시간만 일하는 여성을 비교 조사한 연구에서 앤 웰스는 일을 가장 적게 하는 여성이 자부심이 가장 높고 일을 가장 많이 하는 여성이 자부심이 가장 낮다는 사실을 발견하였다. 집에서 가사를 돌보는 것보다 밖에서 보수를 받고 일하는 게 더 즐겁다는 반응에는 물론 차이가 없었다. 이 연구 결과는 자부심의 의미가 모호하다는 점을 시사한다. 가정을 가지고 정규 전문직에 종사하는 여성이 자부심이 낮은 것은 일을 잘 못해서가 아니라 스스로 힘에 부치는 과도한 기대를 걸고 있기 때문인지도 모른다.

이 문제들은 또 돈을 받고 하는 일과 전통적으로 가족을 위해서 여자들이 해야 한다고 믿어온 가사 노동 사이의 구분이 얼마나 자의적인가를 드러낸다. 엘리스 불딩을 비롯한 사회경제학자들이 지적한 대로, 유지 활동은 생산물은 없을지 모르지만 만일 그것을 서비스 활동으로 보고 응분의 대가를 지불할 경우 그 총액은 한 나라의 GNP에 육박할 것이다. 자식을 기르고 병든 식구를 보살피고 요리를 하고 청소를 하는 여자의 일을 시장 가격으로 보상하자면 국가 예산의 두 배가 있어도 모자랄 판이다. 그런 걸 생각하면 우리는 조금 더 인간적인 경제를 꾸려가야 할 것이다. 집안일이 결혼한 여자의 자부심을 뒷받침하는 건 사실이지만 그렇다고 해서 정서적으로 크게 만족을 주는 것은 아니다. 요리, 장보기, 자녀 뒷바라지에서는 그런 대로 만족을 느낀다. 그러나 집 안 청소, 설거지, 빨래, 가계부 쓰기는 주부가 가장 하기 싫어하는 일에 들어간다.

일에는 안 좋은 점도 따르지만 일이 아예 없는 것은 더 끔찍하다. 고대 철학자들은 한가로움을 더없이 좋게 이야기했지만 그들이 염두에 두었던 것은 수많은 농노와 노예를 거느린 지주의 한가로움이었다. 이렇다 할 수입도 없이 한가로움만 주어진다면 그 사람은 자존심이 땅에 떨어지고 참담함에 젖는다. 맨체스터대학의 심리학자 존 헤이워스는 직장을 못 구한 젊은이들이 실업 수당을 웬만큼 받아도 자신의 삶에 좀처럼 만족을 얻지 못한다는 사실을 알아냈다. 로널드 인겔하르트가 열여섯 나라에서 17만 명의 근로자를 대상으로 조사한 바에 따르면 사무직 근로자의 83퍼센트, 생산직 근로자의 77퍼센트가 자기의 인생에 만족한 반면 실업자는 불과 61퍼센트만이 만족했다는 결과가 나왔다. 인간은 힘겨운 노동 없이도 창조의 은혜를 향유하도록 만들어졌다는 성경의 말씀은 사실과 맞아떨어지지 않는 것으로 보인다. 흔히 직업에서 얻을 수 있는 목표 의식과 도전 의식이 없이는, 자기 절제가 아주 뛰어난 극소수의 사람을 제외하면 의미 있는 삶을 누리기에 충분할 만큼 마음을 한 군데로 모으기가 어렵다.

성인이 일상생활에서 몰입 경험을 언제 하는가를 유심히 살펴보았더니 여가 시간보다는 근무 시간에 그런 일이 더 자주 일어난다는 ESM 조사 결과가 처음에는 무척 놀라운 것이었다. 아주 뛰어난 실력이 요구되는 까다로운 상황에서 집중력과 창조성, 만족감이 높아지는 현상은 집보다는 직장에서 더 자주 보고되고 있다. 그런데 가만히 생각하면 그리 놀랄 일도 아니다. 우리가 하는 활동 중에서 게임에 가장 가까운 성격을 가진 것이 일이라는 사실을 사람들은 곧잘 간과한다. 일에는 명확한 목표와 규칙이 있다. 무사히 과업을 마무리했거나, 괄목할 만한 판매 신장을 이루었거나, 상급자의 칭찬을 들었거나, 아무튼 일을 하면 대체로 어김없이 보상이 뒤따른다. 일은 산만함을 누르고 집중력을 살린다. 이상적인 경우는 일의 난이도가 일을 하는 사람의 실력과 엇비슷할 때다. 일은 게임, 운동, 음악, 예술처럼 몰입할 수 있고 보상이 따르는 활동 구조를 가지고 있다. 그러나 삶의 현장에서 이런 구조를 지닌 요소를 찾기란 쉽지 않다. 집에서 혼자 있거나 가족과 시간을 보낼 때는 명확한 목표라고 할 만한 게 없다. 자기가 일을 제대로 했는지, 산만하지는 않은지, 자신의 실력이 달리는 건 아닌지 확인할 길이 없다 보니 따분해지게 마련이고 때로는 불안마저 느낀다.

그러므로 일을 통해 느끼는 경험의 질이 예상 밖으로 긍정적이라는 사실은 조금도 놀라운 일이 아니다. 그런데도 기회만 있으면 우리는 일을 줄이려고 한다. 왜 그럴까? 두 가지 이유가 있는 듯하다. 첫째로 들 수 있는 이유는 일의 객관적 조건이다. 아득한 옛날부터, 돈을 주고 사람을 고용한 이는 자기가 부리는 사람의 복리에 별로 신경 쓰지 않았다. 지하 1,500미터가 넘는 남아프리카의 탄광에서 땅을 파거나 숨 막히는 사탕수수 농장에서 사탕수수 줄기를 베면서 노동에 몰입하기란 초인이 아니고서는 불가능하다. '인적 자원'을 유달리 강조하는 요즘 같은 시대에도 경영진은 직원들이 일을 통해 얻는 체험의 질에 무관심한 경우가 너무나 많다. 그러니 많은 근로자들이 삶의 본질적 보상을 일에서 기대하지 않고 공장 문이나 사무실 문을 나서야 비로소 행복한 시간을 맛볼 수 있다(사실은 그렇지도 않지만)고 생각하는 건 무리가 아니다.

둘째 이유는, 첫째 이유와 맞물려 있지만, 오늘의 현실에서 비롯되었다기보다는 역사적으로 일을 천시해온 의식과 무관하지 않다. 그런 의식은 문화에 의해 전승되고 개인이 성장하면서 학습된다. 두 세기 반 전 산업혁명기에 공장 노동자들이 비인간적 조건 아래 일할 수밖에 없었다는 것은 누구도 부인하지 못할 사실이다. 여가 시간이 너무나 부족했기 때문에 노동자들은 자유 시간만 많아지면 저절로 행복해질 거라고 믿었다. 노동조합은 주당 노동 시간을 줄이기 위하여 영웅적 투쟁을 벌였고 그들이 이루어낸 성공은 인류 역사에서 가장 위대한 업적의 하나로 평가받았다.

여가 시간이 행복의 필요조건일 수는 있지만 불행하게도 여가 시간 그 자체가 행복을 보장하지는 못한다. 여가 시간을 지혜롭게 활용하는 법을 터득하기란 예상보다 쉽지 않다. 좋은 물건이 늘어난다고 해서 반드시 더 좋은 건 아니다. 적을 때는 삶을 풍요롭게 하던 것이 많아지면 오히려 역효과를 내는 사례는 비단 여가의 문제가 아니더라도 우리 주위에서 얼마든지 찾을 수 있다. 금세기 중엽에 정신의학자와 사회학자들이 지나치게 여가가 많으면 사회적 재난을 부를 수 있다고 경고한 것도 그런 맥락에서 이해할 수 있다.

객관적 작업 환경과 우리의 주관적 태도, 이 두 가지 이유 때문에 사람들은 일이 즐겁다는 생각을 좀처럼 갖기 어렵다. 하지만 문화적 편견에 좌우되지 않고 일을 개인적으로 의미 있게 만들고 싶다는 단호한 의지를 갖고 이 문제에 접근한다면 아무리 범속한 일이라 하더라도 삶의 질을 끌어올리는 데 도움이 된다.

일에서 얻는 본질적 보상이 가장 두드러지게 나타나는 것은 물론 전문 직종이다. 전문 직종은 개인이 자신의 목표를 자유롭게 정할 수 있고, 과제의 난이도도 조정할 수 있으며, 개성이 깃들 여지가 아주 많기 때문이다. 아주 생산적이고 창조적인 예술가, 기업가, 정치가, 과학자는 사냥을 하던 선조들처럼 일을 받아들이는 경향이 있다. 삶과 일이 혼연일체가 되어 있다는 뜻이다. 노벨상 수상자를 비롯하여 다양한 분야에서 활동하는 창조적인 지도급 인사들과 내가 100여 차례 가까이 만나면서 가장 흔히 들을 수 있었던 비유는 가령 이런 것이다. "내가 일평생 단 1분도 쉬지 않고 일했다는 말도 옳고, 내가 단 하루도 일이라는 생각을 가지고 일한 적이 없다는 말도 옳다." 역사가 존 호프 프랭클린은 일과 여가가 하나로 녹아든 상태를 이렇게 표현한다. "내가 '기다리던 금요일이 왔구나'라는 표현을 즐겨 쓰는 것은 금요일이 되면 이틀 동안 방해받지 않고 꼬박 일을 할 수 있기 때문이다."

이런 사람들에게 몰입은 새삼스러운 경험이 아니다. 지식의 최전선에서 활동하다 보면 어려움도 많고 내면의 갈등도 심할 수밖에 없지만 미지의 영역으로 정신을 넓히는 데서 느끼는 희열은 보통 사람 같으면 벌써 은퇴하고도 남았을 노령의 연구자들마저도 항상 느끼는 즐거움이다. 자기 이름으로 딴 특허가

200건도 넘는 발명가 제이콥 래비노는 여든세 살의 나이에도 자신의 일을 이렇게 설명한다. "호기심이 있으면 당연히 아이디어를 끌어내야 한다. 나 같은 사람은 그게 즐겁다. 아이디어를 떠올린다는 게 얼마나 재미있는가. 다른 사람이 아무리 알아주지 않아도 나는 개의치 않는다. 무언가 색다른 걸 떠올린다는 것 자체가 재미있으니까."

노벨상을 두 번이나 받은 생물학자 라이너스 폴링은 여든아홉의 나이에도 이렇게 자신만만하게 말한다. "이제 무얼 하면서 살아가지? 나는 자리에 앉아서 한 번도 이런 고민을 한 적이 없다. 그저 내가 하고 싶은 일을 하면서 무작정 밀고 나갔을 뿐이다."

저명한 심리학자 도널드 캠벨은 젊은 후학들에게 이렇게 조언한다. "돈에 관심이 있거들랑 과학에 뛰어들지 말라. 어떻게든 이름을 날려야 보람을 얻을 수 있겠다는 사람도 과학에 뛰어들지 말라. 명예가 주어지면 고맙게 받을 일이지만 여러분을 즐겁게하는 건 일 그 자체라는 사실을 잊지 말라."

미국의 시인 마크 스트랜드는 일을 찾아서 몰입하는 순간을 이렇게 묘사한다. "일을 하다 보면 시간 감각을 잊고 황홀경에 빠져 지금 하는 일에 온통 사로잡힌다. 시를 쓰고 있는데 그 시가 순조롭게 쓰이면 지금 내가 쓰는 말이 더없이 적확한 표현이라는 느낌이 온다."

물론 이 사람들은 영광스럽게도 전문 분야의 정상을 차지했다는 점에서 복이 많다고 할 수 있다. 하지만 나름대로 성공을 거두어 이름을 떨친 사람들 중에서도 자기 일을 혐오하는 이가 있는 반면, 회사원, 배관공, 목부, 생산직 근로자 중에서도 자기가 하는 일을 사랑하고 아름답게 묘사하는 사람들이 적지 않다. 일이 한 사람의 인생을 얼마나 값지게 하는가를 결정하는 것은 외부 조건이 아니다. 문제는 일을 어떻게 하고 일하는 과정에서 맞닥뜨리는 어려움을 통해 어떤 경험을 끌어내는가에 달려 있다.

아무리 일에서 만족을 얻는다 하더라도 일이 인생의 전부는 아니다. 내가 만났던 뛰어난 사람들의 대다수는 자신에게는 일보다 가정이 더 중요하다고 강조하였다. 바쁜 일과 때문에 그런 마음을 실천에 옮기지 못하는 경우가 많았지만 말이다. 그들은 대체로 정서적 위안을 얻을 수 있는 안정된 결혼 생활을 하고 있었다. 인생에서 이룬 것 가운데 가장 자랑스러운 게 무엇이냐는 질문을 던졌을 때 가장 많이 들은 답변은 물리학자 프리먼 다이슨의 다음과 같은 발언과 대동소이한 내용이었다. "자식 여섯을 낳아서 누가 보아도 괜찮은 재목으로 키웠다는 점 하나라고 할까. 정말이지 나는 그게 제일 자랑스럽다."

시티코프사의 총수 존 리드는 자기가 이제까지 한 것 중에서 가장 성공한 투자는 한창 일할 시기에 활동을 중지하고 아이들이 커가는 모습을 지켜볼 수 있었던 1년이었다고 말했다. "회사에서 돈을 벌며 얻는 만족감은 아이들을 키우며 얻는 만족감에 비할 바 못 된다."

이런 사람들은 자유로운 시간이 생기면 악기를 연주하거나 희귀한 해양지도를 수집하거나 요리를 하거나 요리책을 쓰거나 저개발국가의 파견 교사로 자원하거나 하면서 보람 있게 시간을 쓰려고 애쓴다.

그러므로 직업에 애정을 기울이고 헌신하는 사람이라고 해서 반드시 일 중독자로 보기는 어렵다. 일 중독자는 일에만 미쳐서 다른 목표나 책임은 안중에 없는 사람에게나 어울리는 표현이다. 이런 사람은 직무와 관련 있는 도전에만 응하고 일에 관계된 기술만을 배우려 드는 편협성에 빠질 위험이 있다. 그는 일이 아닌 다른 활동에서는 몰입을 경험하지 못한다. 그런 사람은 삶을 풍요롭게 만들 수 있는 소중한 기회를 제 발로 차고 인생을 초라하게 마감하곤 한다. 일에만 미쳐 살아온 그에겐 이제 뾰족이 할 수 있는 게 없다. 다행스러운 것은 일에 전념하면서도 인생을 다채롭게 꾸려간 사람의 예가 얼마든지 있다는 사실이다.

# 5

## 여가는 기회이며 동시에 함정

지금 우리가 직면한 문제는 남는 시간을 현명하게 쓰는 법을 터득하지 못했다는 사실이라고 말하면 고개를 갸웃거릴 사람이 있을지 모르겠다. 그러나 금세기 중엽 이래로 많은 사람들이 그런 우려를 표명했다. 1958년에 정신의학 진흥을 위한 모임은 연례 보고서를 매듭지으면서 다음과 같은 결론을 내렸다.

"대다수 미국인에게 여가는 위험천만하다."

그런가 하면 미국이 문명으로서 성공하느냐의 여부는 미국인이 자유 시간을 어떻게 사용하느냐에 달려 있다고 주장한 사람도 있었다. 왜 그런 암울한 경고가 나오는 것일까? 여가가 사회에 어떤 영향을 미치는가, 라는 물음에 답하기 전에 우선은 여가가 평범한 사람에게 어떤 영향을 미치는지를 살피는 것이 좋을 듯하다. 여가의 총체적 영향력은 개개인이 한 경험을 모두 더한 것이므로, 전자를 이해하려면 후자를 먼저 이해해야 한다.

앞에서 다양한 이유들을 하나하나 짚어보면서 우리는 누구나 가장 소망하는 목표의 하나가 자유 시간을 갖는 것이라고 잠정 결론을 내린 바 있다. 일은 필요악으로 여겨진 반면 쉴 수 있는 것, 아무 일 하지 않아도 되는 것은 모든 사람에게 행복에 이르는 지름길로 받아들여졌다. 여가를 즐기는 데는 특별한 재주가 필요 없고 아무나 즐길 수 있다는 믿음이 널리 퍼졌다. 그러나 현실은 정반대임을 보여준다. 여가는 일보다 즐기기가 더 어렵다. 마음대로 쓸 수 있는 시간이 주어져 있다 하더라도 그것을 효과적으로 쓰는 요령을 모르면 삶의 질은 올라가지 않는다. 그것은 절대로 사람이 저절로 터득할 수 있는 게 아니다.

정신분석학자 산도르 페렌치는 세기말에 이미 환자들이 다른 날보다 일요일에 유달리 히스테리와 우울증 증세에 시달리는 경우가 많다는 사실을 간파하고 그것을 일러 '일요신경증'이라고 불렀다. 그 후로 휴일과 휴가 시간에 심리 상태가 오히려 악화된다는 사례 보고가 잇따랐다. 한평생 직장을 자신의 전부로 알고 살아온 사람은 퇴직하고 나서 만성 우울증을 앓는 경우가 많다. ESM 연구 조사에서 우리는 사람이 어떤 목표 하나에 집중할 때 심지어는 몸까지도 더 좋아진다는 사실을 알아냈다. 주말에 아무런 할 일 없이 집에 혼자 있는 사람들은 몸이 아프다고 호소할 때가 많다.

이 모든 증거들은 게으름이 사람의 천성이 아님을 시사한다. 목표가 없고 교감을 나눌 수 있는 타인이 없을 때 사람들은 차츰 의욕과 집중력을 잃기 시작한다. 마음은 자꾸만 흔들리고, 불안감만 조성하고 해결할 수 없는 문제에 집착하기 시작한다. 마음이 붕괴되는 이런 최악의 무질서 상태를 피하기 위하여 사람들은 자기도 모르게 불안의 샘을 의식에서 지워주는 자극에 의존하게 된다. 그것은 드라마 시청일 수도 있고 연애소설이나 추리소설 같은 판에 박힌 이야기를 읽는 것일 수도 있으며 도박이나 섹스에 빠지는 것일 수도 있고 술이나 마약에 탐닉하는 것일 수도 있다. 이것들은 의식에서 벌어지는 혼돈을 짧은 시간 안에 줄여주지만, 그 순간이 지나고 나면 남는 것은 허무감과 불쾌감이다.

사람의 신경계는 외부 신호에 관심을 기울이는 방향으로 진화해온 것이 사실이지만, 중간중간 장애물이나 위험이 끼어들지 않은 상황에서 오래도록 한곳에 마음을 모을 수 있는 단계까지 적응하지는 못했다. 내부에서부터 정신력을 자유자재로 운용할 줄 아는 사람은 극히 드물다. 성인들에게 여가 시간이 많이 주어지는 여유로운 사회에서는 마음을 바쁘게 만들기 위해 정교한 문화적 관습이 발전하였다. 바로 제식이나 춤, 그리고 때로는 몇 날 몇 주 동안 이어지기도 하는 경쟁적 시합 같은 것이다. 유럽사의 여명과 함께 시작된 올림픽 경기가 좋은 예라고 할 수 있다. 종교 활동이나 예술 활동을 기대하기 어려운 상황에서는 적어도 마을 전체가 끝없이 소문과 이야기 기회를 제공했다. 할 일 없는 사람들은 커다란 나무 밑에 모여 앉아 담배를 피우거나 가벼운 환각 상태를 유발하는 잎 따위를 씹으면서 하나 마나 한 이야기를 늘어놓으며 마음이 흐트러지는 것을 막았다. 지중해 지역의 카페나 북유럽의 맥줏집에 가면 남아도는 시간을 이렇게 쓰는 남자들을 아직도 많이 만날 수 있다.

의식의 혼돈을 이런 식으로 피하는 방법도 어느 정도는 통할 수 있지만 경험의 질을 긍정적으로 바꾸어주지는 못한다. 앞에서 보았듯이 사람의 기분은 몰입 상태에 있을 때 절정에 이른다. 그것은 도전을 이겨내어 문제를 해결한 뒤 무언가 새로운 것을 발견하는 순간이다. 몰입을 낳는 활동은 대부분 명확한 목표, 정확한 규칙, 신속한 피드백이라는 공통점을 갖는다. 바로 이런 외적 조건들이 갖춰졌을 때 비로소 우리는 집중하고 긴장한다. 그런데 여가 시간에는 이런 외적 조건들을 찾아보기 힘들다. 물론 여가 시간에 운동을 한다거나 예술 작품을 감상한다거나 취미 활동을 하는 경우에는 몰입을 위한 조건이 갖추어진다. 하지만 특별히 하는 일 없이 시간만 주어졌을 때는 몰입과는 정반대의 현상인 심리적 혼돈과 무기력 상태로 들어간다.

여가 활동이라고 해서 다 같지는 않다. 능동적 여가와 수동적 여가는 하늘과 땅만큼이나 다르며 심리적 효과도 당연히 판이하게 나타난다. 미국의 10대는 TV를 보는 동안에는 13퍼센트가, 취미 활동을 하는 동안에는 34퍼센트가, 운동이나 게임을 하는 동안에는 44퍼센트가 몰입을 경험하고 있다(표 4 참조). 이것은 TV 시청보다 취미 활동이 두 배 반 가까이, 적극적으로 임하는 운동이나 게임이 세 배나 더 강한 즐거움을 선사한다는 걸 의미한다. 그런데도 이들 10대는 취미 활동이나 운동보다는 TV를 보는데 무려 네 배나 더 많은 시간을 쏟아붓고 있다. 어른들도 이 비율에서 크게 벗어나지 않는다. 절반에도 못 미치는 즐거움을 얻기 위해 우리는 왜 네 배나 많은 시간을 들이고 있는 것일까?

조사에 응한 사람들에게 이런 질문을 던졌더니 대체로 반응이 동일하게 나왔다. 자전거를 타거나 농구를 하거나 피아노를 치는 것이 하릴 없이 상가를 쏘다니거나 TV를 보는 것보다 즐겁다는 걸 청소년들도 인정한다. 하지만 가령 농구를 하려면 시간이 만만찮게 들어간다. 옷을 갈아입어야 하고 친구들과 약속을 잡아야 한다. 피아노 앞에 앉아서도 적어도 반시간가량은 연습을 하면서 손을 풀어야 슬슬 재미를 맛볼 수 있다. 달리 말하면, 몰입할 수 있는 활동은 하나같이 처음에 어느 정도 집중력을 쏟아부어야 그다음부터 재미를 느낄 수 있는 것이다. 복잡한 활동을 즐기려면 그런 '시동 에너지'를 어느 정도 확보하고 있어야 한다. 너무 피곤하거나 너무 불안하거나 혹은 처음의 그런 장벽을 극복할 수 있는 인내심이 부족한 사람은, 재미는 덜하더라도 더 편하게 택할 수 있는 대상으로 만족할 것이다.

바로 이 틈새를 비집고 '수동적 여가' 활동이 들어온다. 친구들과 시시덕거리거나 부담 없는 내용의 책을 읽거나 TV를 켜는 동작은 처음부터 특별한 노력을 요구하지 않는다. 실력이나 집중력이 필요하지도 않다. 따라서 비단 청소년뿐 아니라 어른들도 아무 생각 없이 수동적 여가에 먼저 손을 내밀기 쉽다.

'표 4'에서 우리는 각각의 여가 활동에서 청소년이 얼마나 자주 몰입 경험을 하는지 비교할 수 있다. 게임과 운동, 취미, 어울림 같은 능동적이고 사회적인 활동은 음악 감상, 사색, TV 시청 같은 고독하고 덜 체계적인 활동보다 몰입할 수 있는 기회가 많다. 그런데 몰입을 낳는 활동은 그만큼 까다롭고 어려워서 사람

**표 4**  여가 활동과 몰입 경험

각각의 여가 활동에서 경험하는 몰입, 이완, 무심, 불안의 상태를 시간의 백분율로 나타냈다. 824명의 미국 청소년으로부터 얻은 2만 7,000항의 응답에서 나온 결과다. 각 용어는 다음과 같이 정의한다(몰입 : 높은 난이도와 높은 기량, 이완 : 낮은 난이도와 높은 기량, 무심 : 낮은 난이도와 낮은 기량, 불안 : 높은 난이도와 낮은 기량).

|  | 몰입 | 이완 | 무심 | 불안 |
|---|---|---|---|---|
| 게임과 운동 | 44 | 16 | 16 | 24 |
| 취미 | 34 | 30 | 18 | 19 |
| 어울림 | 20 | 39 | 30 | 12 |
| 사색 | 19 | 31 | 35 | 15 |
| 음악 감상 | 15 | 43 | 35 | 7 |
| TV 시청 | 13 | 43 | 38 | 6 |

출처 : 비드웰, 칙센트미하이, 헤지스, 슈나이더(1977) 참조.

을 불안하게 만들 때가 자주 있다. 이와는 달리 수동적 여가 활동은 불안을 거의 낳지 않는다. 그것은 대체로 사람을 이완시키고 무감각하게 만드는 활동이다. 여가 시간을 수동적 활동으로 채우면 아주 즐겁지는 않아도 어쨌든 골치 아픈 상황은 피해갈 수 있다. 사람들은 수동적 여가 활동의 바로 이런 점에 끌리는 듯하다.

쉬는 게 나쁘단 얘기는 아니다. 누구에게나 긴장을 풀고 시시껄렁한 소설을 읽고 소파에 기대앉아서 허공을 쳐다보거나 TV

를 보는 시간은 필요하다. 인생의 다른 영역들과 마찬가지로 여기서 중요한 것은 과연 적정선에 머물 수 있느냐다. 수동적 여가가 문제로 부각되는 것은 그것이 자유 시간을 보내는 유일한 방편으로 쓰이는 순간부터다. 그런 습성이 뿌리내리면 생활 전반이 허물어지기 시작한다. 심심풀이로 도박에 손을 댄 사람은 직장과 가정, 결국은 본인의 인생 전부를 파탄으로 이끄는 습벽에서 헤어나오기 어려울 것이다. TV를 남달리 많이 보는 사람은 좋은 직장에도 못 다니고 인간관계도 원만치 못한 성향을 보인다. 이 문제를 독일에서 본격적으로 조사한 적이 있다. 이 연구에서 책을 많이 읽는 사람은 몰입 경험을 많이 하는 것으로 나타났고 TV를 많이 보는 사람은 몰입 경험을 적게 하는 것으로 나타났다. 몰입 경험을 가장 많이 하는 사람은 책을 많이 읽고 TV를 적게 보는 사람이며, 몰입 경험을 가장 적게 하는 사람은 책은 거의 안 읽고 TV로 소일하는 사람이었다.

이런 상관관계가 있다고 해서 여가를 수동적으로 보내는 습성이 나쁜 직장, 나쁜 인간관계의 원인이 된다고 말할 수는 없다. 인과관계의 고리는 다른 뿌리에서 시작되었을 가능성이 높다. 다만 직장에 불만을 가진 외로운 사람은 자유로운 시간을 수동적 여가로 탕진하기 쉽다. 혹은 살아가면서 이렇다 할 몰입의 대상을 찾지 못하는 사람일수록 부담스럽지 않은 수동적 여가에 의지하는지도 모른다. 인격 발달의 과정에서 나타나는 인과관계는 대체로 순환성을 갖는다. 처음에는 결과였던 것이 나중에는 원인으로 작용한다. 부모에게 학대받고 자란 아이는 억눌린 공격성에 바탕을 둔 방어 의식을 발전시킨다. 그 아이가 어른이 되면 처음의 정신적 상처 때문이 아니라 이 빗나간 방어 의식이 발동하여 또다시 자기 자식을 학대하는 길로 빠져들기 쉽다. 그러므로 수동적으로 여가를 보내는 습성은 이전에 누적된 문제들의 결과이기도 하지만, 나중에는 문제의 원인으로 작용하여 삶의 질을 고양시킬 수 있는 새로운 가능성을 봉쇄하기에 이른다.

몇 세기에 걸쳐 진행된 쇠락의 시기에 로마 제국이 시민을 다독거리기 위해 동원한 책략을 사람들은 흔히 '빵과 원형경기장'이라는 말로 표현한다. 지배 계급은 몸을 만족시키기 위해 충분한 먹거리를 제공하고 마음을 즐겁게 해주기 위해 충분한 볼거리를 제공하면서 사회적 불만을 가라앉힐 수 있었다. 이런 정책이 의식적으로 도입되진 않았겠지만 그 효과는 상당했던 것 같다. 여가 기회를 충분히 제공하여 공동체의 붕괴를 모면하려는 현상은 로마 제국만의 전유물은 아니었다. 서양 최초의 역사가인 그리스의 헤로도토스는 『페르시아 전쟁사』에서 소아시아의 리디아 왕인 아티스가 잇따른 흉년으로 민심이 흉흉해지자 백성의 관심을 호도하기 위해 이미 3,000년 전에 구기(球技)를 도입하였다고 전한다. "기근에 대처하기 위해 마련한 전략은 하루 종일 경기에 몰두하게 하여 식욕조차 느끼지 못하게 만드는 것이었다. 먹을 것은 시합이 없는 그다음 날에야 나왔다. 이런 식으로 그들은 18년을 끌었다."

비잔틴 제국이 기울어가던 무렵 콘스탄티노플에서도 비슷한 양상이 벌어졌다. 지배 계급은 시민들에게 즐거움을 주기 위해 도시에서 대규모 전차 경주를 벌였다. 뛰어난 경주자들은 명예와 재산을 얻었고 원로원에 손쉽게 들어갈 수 있었다. 스페인 정복이 있기 전 중앙아메리카에서도 마야인이 농구와 비슷한 정교한 시합을 발전시켜 사람들은 몇 주 동안 그것을 구경하느라 정신이 없었다. 지금도 마찬가지다. 권리를 누리지 못하는 오늘의 소수민들은 스포츠나 연예 분야로 진출하여 사회적 신분 상승을 이루겠다는 꿈에 젖어 있다. 농구, 야구, 권투, 대중음악은 부와 명예를 약속하면서 사람들의 남아도는 막대한 에너지를 흡수하고 있다. 입장에 따라서는 이것을 두 가지의 전혀 상반된 관점으로 해석할 수 있다. 먼저 마르크스가 종교를 두고 한 말을 끌어오자면 여가가 '인민의 아편'으로 사용되고 있다고 비판하는 시각이 있을 수 있다. 아니면 뾰족한 대안이 없는 위험한 상황 앞에서 창조적으로 나온 반응이라고 보는 시각도 있을 수 있다.

과거의 예를 보면, 한 사회가 사회 성원에게 의미 있고 생산적인 직업을 제공할 능력이 없어지면 그때부터 여가에 과도하게 의존하기 시작한다. '빵과 원형경기장'은 사회의 붕괴를 오직 잠정적으로만 지연시키는 마지막 버팀목이었다. 그런 현상은 지금도 엿볼 수 있다. 가령 북아메리카 원주민은 대다수가 일과 공동생활에서 몰입을 경험할 수 있는 기회를 상실하였으므로 예전의 즐거웠던 생활을 흉내 내는 여가 활동을 통하여 다시 한 번 몰입을 경험하려고 애쓴다. 나바호족의 젊은이들은 가축 떼를 몰고 고원 지대를 누비거나 일주일씩 계속되는 춤과 노래의 축제에 참여하면서 환희를 맛보곤 했지만, 이제는 그런 경험을 할 수 있는 터전이 크게 줄어들었기 때문에 술을 마시고 스포츠카로 고속도로를 질주하면서 몰입감을 되찾으려고 노력한다. 교통사고로 죽을 확률이 부족 간의 전쟁이나 사나운 가축 때문에 목숨을 잃을 확률보다 반드시 높다고 말할 수야 없겠지만 그것이 헛된 죽음이라는 사실만은 분명하다.

마찬가지로 이누이트족도 위험한 과도기로 접어들었다. 바다표범을 사냥하고 곰을 생포하는 희열을 더 이상 맛보지 못하게 된 청년들은 일상의 따분함에서 벗어나고 뚜렷한 목표 의식을 가지기 위해 자동차에 몰두한다. 북극에 가면 마을과 마을을 이어주는 도로는 없어도 순전히 스피드 경주만을 위해 닦아놓은 도로는 있다. 오일 달러를 주체하지 못하는 사우디아라비아의 부잣집 젊은이들은 낙타는 거들떠보지도 않고 길이 뚫려 있지 않은 사막이나 리야드의 거리를 신형 캐딜락으로 질주하면서 과거의 희열을 되찾으려고 애쓴다. 여가는 생산 활동이 너무 구태의연하고 무의미해진 시대에 득세한다. 앞으로 사람들은 점점 더 많은 시간을 여가에 쏟을 것이고 더 정교하고 인위적인 자극에 의존할 것이다.

직장 생활에서 답답함을 느껴 생산 활동의 책임을 던져버리고 여가 활동에서 몰입을 맛보는 삶을 추구하는 사람도 있다. 그렇다고 반드시 큰돈이 들어가는 것도 아니다. 유능한 엔지니어가 자리를 박차고 나와 겨울에 음식점에서 그릇을 닦아 모은 돈으로 여름에는 암벽 타기에 전념하는 경우가 있다. 파도타기에 좋은 해변에 가보면 입에 겨우 풀칠만 할 정도로 벌면서 열심히 파도만 타는 사람들을 볼 수 있다.

호주의 짐 맥베스라는 사회학자는 1년 내내 남태평양의 이 섬 저 섬을 떠돌면서 살아가는 항해자 수십 명을 면담했다. 가진 재산이라고는 있는 돈 없는 돈 끌어다 모아 사들인 배 한 척밖에 없는 사람들이 대부분이었다. 그들은 배를 고치고 식량을 살 돈이 떨어지면 아무 항구에나 정박하여 어느 정도 돈이 모일 때까지 닥치는 대로 일을 한다. 그러고는 다시 바다로 나간다. "나는 책임을 던져버리고 단조로운 생활을 박차고 나와 모험을 즐길 수 있게 되었다. 흐리멍덩한 삶은 견디기 힘들었다"고 한 항해자는 토로한다. "내 인생에서 두고두고 기억할 만한 정말로 해볼 만한 일을 찾았다"고 말하는 항해자도 있다. 그런가 하면 이런 진단을 내리는 항해자도 있다.

현대 문명은 라디오, TV, 클럽을 비롯한 기상천외한 오락을 수도 없이 고안하여, 얼핏 따분하게 여겨지는 땅과 해, 바람과 별로부터 벗어나 우리가 색다른 자극을 얻을 수 있게 해주었다. 이 오래전의 현실로 돌아가려는 것이 바로 항해다.

직장을 아주 그만두지는 않고 지금까지와는 달리 일보다 여가에 더 비중을 두면서 살아가는 길을 택하는 사람도 있다. 암벽타기에 빠진 어떤 이는 암벽을 타면서 인생을 배운다고 진지한 얼굴로 말한다. "싸움, 자신을 상대로 벌이는 이 싸움에서 이기는 사람에게는…… 속세의 싸움이 힘겨워 보이지 않는다."
직장 생활을 하다가 산으로 들어가 목수가 된 사람은 자기의 심경을 이렇게 토로한다.

회사에 다녔으면 돈을 많이 벌었겠지만, 어느 날 내가 싫은 일을 하고 있다는 사실을 깨달았다. 그때까지 나는 삶을 값지게 하는 경험을 해보지 못했다. 중요한 것과 중요하지 않은 것이 뒤바뀌어 내 시간을 온통 회사에 쏟아붓고 있음을 깨달았다. 우물쭈물할 때가 아니었다. 나는 목공일이 좋다. 조용하고 경치 좋은 곳에 살면서 밤마다 산을 탄다. 내가 지금 마련하지 못하는 물질적 풍요보다 느긋해지고 여유를 가지게 된 것이 가족에게는 더 소중할 거라고 생각한다.

직장인에서 목수로 변신한 사람은 창조적 적응의 본보기로 꼽을 만하다. 그런 사람들은 최대한 몰입 경험을 할 수 있는 생산 활동이 나타날 때까지 포기하지 않고 찾는다. 이들은 알코올 의존증에 걸린다거나 온 시간을 여가에만 쏟아붓는 삶을 도피로 받아들인다. 그러나 대부분의 사람은 지긋지긋한 업무와 판에 박힌 오락 사이를 다람쥐처럼 오가는 생활에 적응하며 산다. 몰입 경험이 노동의 영역에서 점점 여가의 영역으로 옮겨지는 흥미로운 현상은 밀라노대학의 안토넬라 델레 파베와 파우스토 마시미니가 알프스의 한 마을을 대상으로 벌인 조사에서도 확인할 수 있다. 그들은 폰트 트렌타즈라는 산촌에서 대가족을 이루고 사는 마흔여섯 명의 사람들과 일일이 면담했다. 그곳 사람들은 집집마다 TV와 자동차를 가지고 있지만 여전히 목축, 과수 재배, 벌목 같은 전통적 생산 활동에 종사하고 있었다. 심리학자들은 이 마을에 사는 청년층, 중년층, 노년층의 사람들에게 언제 어떻게 몰입 경험을 하는지를 물었다(그림 2).

몰입 경험이 가장 많은 세대는 조부모 세대였고, 대부분 일을 하는 동안에 겪은 것으로 나타났다. 이를테면 목초지에서 풀을 베거나 헛간을 고치거나 빵을 굽거나 젖을 짜거나 정원을 가꾸거나 하는 활동이었다. 중년 세대(40대에서 60대 사이)는 일과 여가 활동에서 얻은 몰입 경험의 비중이 엇비슷했다. 그들이 즐기는 여가 활동은 영화 관람, 바캉스, 독서, 스키 등이었다. 가장 젊은 세대는 조부모 세대와 정반대의 양상을 보였다. 그들은 몰입 경험을 가장 적게 했을 뿐 아니라 그 태반이 여가 활동에서 얻은 것이었다. 춤, 오토바이, TV가 그들의 낙이었다('그림 2'는 각각의 집단이 몰입 경험을 어느 정도나 했는지는 보여주지 않으며 일이나 여가에서 몰입 경험한 비율만을 알려줄 뿐이다).

**그림 2** 폰트 트렌타즈 마을의 대가족과 몰입 활동의 분포 양상

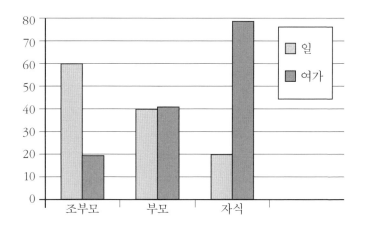

출처 : 델레 파베와 마시미니(1988) 참고.

폰트 트렌타즈에서 이처럼 세대 차이가 나타난 것은 반드시 사회가 바뀌었기 때문이라고 말할 수는 없다. 모든 세대가 한 번은 거치게 마련인 정상적 성장의 특징을 여기서도 어느 정도는 확인할 수 있다. 젊은이가 모험과 자극을 찾아다니면서 희열을 맛보는 것은 어디서나 나타나는 현상이며 사회적, 경제적 변화를 겪고 있는 공동체에서는 그런 정상적 차이가 확대되어 나타나는 것이 당연하다고 보아야 한다. 노인들은 아직도 전통적 생산 활동에서 의미를 찾는 반면 아들과 손자 세대는 시대에 뒤지고 성가시기만 한 일에서 점점 손을 놓고 오락에 몰두하여 심란한 마음을 달래려 한다.

미국에서도 아미시, 메노나이트 같은 전통 마을에 사는 주민들은 일을 하면서 몰입감을 자주 경험한다. 농부의 하루 일과라는 것이 언제 일이 끝나고 언제 여가가 시작되는지를 구분하기 어렵기 때문이다. 뜨개질, 목공, 노래, 책 읽기 같은 '여가 활동'이 물질적, 사회적, 정신적 의미에서 모두 유용하고 생산적인 역할을 한다. 물론 거기에는 희생이 뒤따르는데 이제는 화석처럼 별스러워 보이기만 하는 기술적, 정신적 단계의 한 지점에 묶여 지내야 한다는 것이다. 일과 놀이가 하나로 어우러진 건강한 삶을 누리는 방법은 과연 이 길밖에 없을까? 끊임없이 변화하는 사회에 몸담으면서도, 이러한 특성을 결합하여 삶의 방식을 새롭게 창조할 수는 없는 것일까?

여가 시간을 최대한으로 활용하려면 일을 할 때처럼 창조력을 발휘하고 에너지를 쏟아야 한다. 사람을 성숙시키는 능동적 여가는 저절로 굴러오는 게 아니다. 옛날 사람들은 자신의 실력을 실험하고 발전시키는 데서 여가의 의미를 찾았다. 과학과 예술이 전문화의 길로 들어서기 전까지만 하더라도 과학 연구, 시 쓰기, 그림 그리기, 작곡 등은 여가 활동으로서 이루어지는 경우가 상당히 많았다. 그레고어 멘델은 그 유명한 유전 교배 작업을 취미 삼아서 했고, 벤저민 프랭클린은 직업의식이 아니라 단순한 호기심에서 렌즈를 깎고 피뢰침 실험을 했다. 에밀리 디킨슨은 자신의 삶에 질서를 만들기 위해 유려한 시를 썼다. 지금은 전문가만이 그런 주제들에 관심을 가지며 아마추어가 섣불리 나섰다가는 전문가의 영역을 건드렸다고 핀잔을 듣기 일쑤다. 그러나 단지 좋아서 어떤 일을 하는 아마추어는 자신의 삶을 흥미롭고 즐겁게 만들 뿐 아니라 모든 이의 삶을 값지게 한다.

여가를 창조적으로 활용할 수 있는 사람은 아주 특별한 재능을 타고난 것이 아니다. 모든 민속 예술(각각의 문화에 특별한 개성과 명성을 주는 노래, 자수, 도자기, 조각 등)은 일을 하고 남은 시간에 자신의 기량을 표현하려고 노력한 평범한 사람들이 이루어낸 것이다. 우리의 선조가 자유로운 시간에 아름다움과 지식을 추구하는 대신 수동적 여가 활동으로 일관했다면 지금의 세상은 얼마나 따분할까.

현재 우리가 쓰는 재생 불능 에너지(전기, 석유, 종이, 금속)의 7퍼센트가량이 여가 활동에 투입되고 있다. 골프장을 건설하여 물을 대고 잡지를 찍어내고 휴양지까지 승객들을 비행기로 실어 나르고 TV 프로그램을 연출하여 방송하고 모터보트와 눈썰매를 만들어 기름을 넣는 데 지구 자원의 상당량이 들어간다. 그렇지만 여가에서 우리가 얻는 만족과 즐거움은 여가 활동에 드는 물질 에너지의 양과 관계가 없는 듯하다. 있다면 오히려 역관계가 있을지 모른다. 우리 쪽에서 기량, 지식, 감정 등 내부 에너지를 투자해야 하는 활동이, 외부 에너지와 많은 장비를 소모해야 하는 활동보다 결코 만족감을 적게 주는 건 아니다. 유익한 대화, 정원 가꾸기, 책 읽기, 병원에서 하는 자원봉사, 새로운 지식을 배우는 행위 등은 그보다 열 배는 더 자원을 소모하는 활동에 절대로 뒤지지 않는 보람을 안겨준다.

한 사람의 삶이 알차려면 자유로운 시간을 어떻게 쓰느냐에 달려 있는 것처럼 한 사회의 질적 수준은 시민들이 여가 시간을 어떻게 활용하느냐에 달려 있다. 교외의 주택 단지가 암울하게 다가오는 것은, 고운 잔디가 깔려 있는 으리으리한 저택 안에서 흥미로운 일에 몰입하는 사람이 그야말로 극소수일 거라는 어느 정도는 근거 있는 회의가 들기 때문이다. 그 나라의 지도층을 자처하는 사람들을 만나 대화를 나누어도 돈, 가족, 패션, 휴가, 소문 외에는 관심이 없다는 인상을 받는 경우가 너무나 많다. 반면에 이 세상에는 고전 시에 푹 빠져 자신의 서가를 낡은 시집으로 꽉 채우는 은퇴한 전문가, 악기를 연주하거나 자기 마을의 역사를 책으로 써서 조상들의 업적을 후대에 남기려고 노력하는 농부가 아직도 어엿이 남아 있는 곳이 있다.

우리는 여가 활동이 사회적 차원에서건 개인적 차원에서건 원인과 결과로서 동시에 작용한다는 사실을 알게 되었다. 한 사회 집단의 생활 방식이 생명력을 잃고, 일이 지겨운 타성으로 변질되고, 공동체의 책임감이 그 의미를 잃어갈수록 여가의 비중은 점점 늘어날 것이다. 오락에만 지나치게 의존하는 사회는 앞으로 직면하게 될 기술적, 경제적 난제를 창조적으로 해결할 수 있는 정신적 에너지가 부족해질 수밖에 없다.

미국의 음반, 영화, 패션, TV 산업이 전성기를 구가하면서 전 세계에서 엄청난 돈을 긁어모으는 지금 연예 산업에 경종을 울리는 것이 시대착오적이라는 인상을 줄 수도 있다. 우후죽순처럼 등장하는 비디오 가게는 실업자 수를 줄여준다는 장점도 있다. 아이들은 매스컴에 나오는 유명 연예인을 우상으로 삼고 있으며 우리의 머릿속에는 스포츠계나 영화계 스타들에 대한 정보가 수두룩하다. 성공하는 게 잘못이란 말인가? 우리가 만약 세태를 금전의 잣대로만 평가한다고 해도 특별히 잘못된 건 없다. 그러나 수동적 오락에 중독된 세대들이 장기적으로 미칠 사회적 영향을 고려한다면 장밋빛 그림은 잿빛이 될 것이다.

자유롭지 못하므로 의미가 없는 일과 목적이 없으므로 의미가 없는 여가로 삶이 양극화되는 위험성으로부터 어떻게 벗어날 수 있을까? 앞 장에서 소개한 창조적 개인들의 실례가 하나의 출구를 제시하는 건 아닐까. 전통 사회에서 살았던 사람들처럼 창조적 개인의 삶에서도 일과 놀이는 별개로 존재하지 않는다. 그러나 옛날 사람과는 달리 그들의 삶은 화석화된 순간에 머무르지 않는다. 그들은 과거와 현재로부터 얻은 지식을 최대한 활용하여 미래를 더 보람 있게 살 수 있는 길을 발견한다. 우리는 그들이 살아가는 방식을 보며 남아도는 시간을 두려워할 이유가 조금도 없다는 것을 배우게 된다. 일이 여가처럼 즐거우며, 일을 잠시 접어두었을 때는 마음을 텅 비게 만드는 여가가 아니라 진정한 재충전으로서의 여가를 즐길 수 있게 된다.

직장 일에서 도저히 흥미를 못 느끼겠다면 여가 시간만이라도 몰입 경험을 할 수 있는 참다운 기회를 찾아나서는 데서 출구를 찾을 수 있다. 그것은 자신과 주변에 잠재되어 있는 가능성을 탐구하는 작업이 될 것이다. 다행히 이 세상은 흥미진진한 일들로 가득 차 있다. 상상력이 부족하고 게으르기 때문에 그걸 모르고 살아갈 뿐이다. 시인이나 음악가, 발명가나 모험가, 아마추어 학자나 과학자, 예술가나 수집가가 될 수 있는 길이 우리 앞에는 얼마든지 열려 있다.

# 6

## 인간관계와 삶의 질

Finding *Flow*

살아가면서 무엇이 나를 가장 기쁘게 만들고 가장 우울하게 만드는가를 생각할 때, 십중팔구 우리는 타인을 떠올릴 것이다. 연인이나 배우자는 나의 감정을 붕 띄워주기도 하지만 한편으로는 짜증과 울적함을 주기도 한다. 아이는 축복이지만 동시에 골칫거리다. 상사가 던지는 말 한마디에 우리는 천국과 지옥을 왔다 갔다 한다. 우리가 평상시에 하는 행동 중에서 가장 예측하기 어려운 것이 남들과의 교제다. 몰입 경험을 하다가 다음 순간에 냉담, 불안, 이완, 권태가 찾아오는 경우가 비일비재하다. 인간관계가 우리의 정신에 미치는 영향력이 막강하다는 것을 잘 아는 임상심리학자들은 타인과의 유쾌한 만남을 극대화하는 데 초점을 맞춘 심리요법을 발전시켰다. 행복이 인간관계와 밀접한 관련을 맺고 있으며 타인으로부터 얻는 피드백에 우리의 의식이 민감하게 반응한다는 건 누구도 부인하지 못할 사실이다.

예를 들어, 우리가 ESM 방식으로 조사한 새라라는 여성은 일요일 아침 9시 10분에 주방에 혼자 앉아 아침 식사를 하면서 신문을 보고 있었다. 그때 우리가 호출기를 울리자 그 여자는 자신의 행복지수를 5로 매겼다. 이것은 절망감을 1로 보고 날아갈 듯한 기쁨을 7로 보았을 때 수치다. 11시 30분에 다시 신호를 보냈을 때 새라는 아직도 혼자였고 담배를 피우면서 아들이 다른 도시로 이사 간다는 소식에 울적한 마음을 달래고 있었다. 행복지수는 3으로 떨어졌다. 오후 1시에 새라는 여전히 혼자서 집 안 청소를 하고 있었고 행복지수는 1이었다. 그러던 것이 뒷마당에서 손자들과 수영을 한 오후 2시 30분에는 행복지수가 7로 최고치를 나타냈다. 그로부터 한 시간이 채 못 지났을 때 새라는 따스한 햇살을 받으며 책을 읽고 있는데 손자들이 자꾸 물을 튀겨대는 바람에 행복지수가 2로 곤두박질쳤다. "이 망나니들을 시어미한테 떠넘기는 며느리가 원망스럽다"고 그녀는 ESM 응답지에 적어 넣었다. 단 하루 동안에도 우리는 타인에 대한 평가와 교제의 양상이 수시로 바뀌며 그것이 감정에 여지없이 반영된다.

산업화가 일찍 이루어진 서구 사회는 개인이 사회로부터 느끼는 압력이 상대적으로 미약한 편이다. 서구인은 개개인의 잠재력을 발전시킬 수 있는 권리를 무엇보다도 중요하게 여기며, 사회가 개인의 자기실현을 가로막는 걸림돌 역할을 한다는 의식이 적어도 루소 이후로는 굳게 뿌리내렸다. 반면에 아시아의 전통적 사고방식에 따르자면 개인은 타인과의 어울림을 통해 조형되고 정제되기 전까지는 있으나 마나 한 존재다. 이런 원칙은 인도에서 가장 극명하게 드러난다. 전통 힌두 문화에서는 사회 성원들이 아주 어릴 때부터 이상적이고 모범적인 행동상을 받아들이도록 만드는 데 심혈을 기울인다. "힌두적 인간은 집단적 사건이라고 하는 일련의 주도면밀하고 의식적인 과정을 거쳐서 탄생한다, 이 사건들을 일러 '삼스카라'라고 하는데 이는 힌두교도의 삶을 근본적으로 규정하는 주기적 제식"이라고 린하트는 설명한다. '삼스카라'는 인생의 단계단계마다 따라야 할 새로운 행동 수칙을 제공하면서 아이와 어른에게 삶의 틀을 두루 잡아준다.

인도의 정신분석학자 사디르 카카르는 '삼스카라'를 시기적으로 기가 막히게 맞아떨어지는 절묘한 의식이라고 농반 진반으로 말한다.

인간의 생활을 일련의 단계가 펼쳐지는 주기로 개념화하여, 각각의 단계마다 '고유한' 과업이 있고, 이 단계를 하나하나 밟아 나가야 할 필요가 있다는 것이 인도인의 전통적 관념이었다. 이런 의식을 강력하게 밀고 나갔던 이유의 하나는 아이를 점진적으로 사회에 통합시키기 위해서였다. '삼스카라'는, 시간을 절도 있는 템포에 맞춰 두드려서 어머니 품으로부터 아이를 떼어나 공동체의 어엿한 성원으로 성숙시키는 기능을 맡았다.

그러나 사회화는 행동의 틀을 잡아주는 데 그치지 않고 문화의 기대나 요구에 맞게끔 사람의 의식을 만들어나간다. 남들이 보는 앞에서 실수를 할 때 부끄러움을 느끼고 남에게 상처를 입혔을 때 죄책감을 느끼는 것은 우리가 사회화되었기 때문이다. 내면화한 공동체의 기대 수준에 개인이 얼마나 깊이 의존하는 가는 문화마다 엄청난 차이를 보인다. 가령 일본인은 신세, 은혜, 책임의 미묘한 뉘앙스를 조금씩 다르게 표현하는 수많은 단어를 곧잘 사용하는데, 그런 감정을 그 정도로까지 섬세하게 느껴본 경험이 없는 외국인들은 그런 말들을 자국어로 옮기는 데 많은 어려움을 느낀다. 일본의 예리한 저널리스트 류 신타로는 "보통 일본인은 다른 사람들이 가는 곳으로 묻어서 간다, 해수욕을 가더라도 한적한 해변은 피하고 그야말로 발 디딜 틈 없이 붐비는 해변으로만 몰려간다"고 지적했다.

정신적으로건 육체적으로건 왜 우리가 사회적 환경에 이토록 얽매여 있는지를 이해하기란 어렵지 않다. 아프리카의 밀림과 초원 지대에 사는 원숭이도 자기가 무리에 끼지 못하면 오래 못 버틴다는 걸 잘 안다. 외톨이 개코원숭이는 금세 표범이나 하이에나에게 잡아먹힌다. 우리 조상들은 자신이 사회적 동물이며, 단지 보호받기 위해서만이 아니라 생활의 즐거움을 익히기 위해서라도 무리를 이루어 살아야 한다는 것을 일찌감치 터득하고 있었다. 멍텅구리를 뜻하는 영어 단어 'idiot'는 혼자 사는 사람을 뜻하는 그리스어에서 나온 말이다. 공동체에서 떨어져 나와 혼자 사는 사람은 정신적으로 문제가 있다는 발상이 스며들어 있다. 현대의 문자 없는 사회에도 이런 의식이 깊숙이 뿌리박혀 있어서, 혼자 있기를 좋아하는 개인은 마귀 취급을 당한다. 때문에 비장애인은 부득이한 경우가 아니면 다른 사람들 곁을 절대로 떠나지 않으려 한다.

마음의 균형을 잡는 데 남들과의 어울림이 그토록 중요하다면 타인이 우리에게 어떤 영향을 미치는지를 직시하고, 그 영향을 어떻게 하면 긍정적 경험으로 발전시킬 수 있을지를 고민해야 한다. 만사가 그렇듯이 인간관계도 공짜로 누릴 수 있는 게 아니다. 인간관계에서 득을 보기 위해서는 어느 정도 정성을 먼저 기울여야 한다. 그러지 못할 경우 우리는 타인은 지옥이라고 결론짓는 사르트르의 작품 속 주인공과 같은 운명에 처할 위험에 봉착한다.

사람 관계에서 마음이 무질서에 빠지지 않고 바람직한 질서를 유지하려면 적어도 두 가지 조건을 충족시켜야 한다. 하나는 우리 목표와 다른 사람의 목표 사이에서 어떤 합치점을 찾아내는 일이다. 사람들끼리 어울리다 보면 누구나 자신의 이익을 추구하게 마련이므로 어떤 합치점을 발견하기란 원칙적으로 어렵다. 그럼에도 노력을 기울이면 대부분의 경우 아주 작은 합치점이라도 찾아낼 수 있다. 성공적인 어울림을 가능케 하는 또 하나의 조건은 다른 사람의 목표에 관심을 기울일 마음의 준비가 되어 있어야 한다는 것이다. 우리의 기운이 남아돌지 않는 다음에야 이것 역시 쉽지 않은 일이다. 이런 조건들이 충족되면 다른 사람과 같이 있으면서 긍정적 결과를 끌어낼 수 있고, 적절한 어울림에서 맛볼 수 있는 몰입 경험을 하게 된다.

사람들은 친구와 같이 있을 때의 경험을 가장 긍정적으로 보고한다. 특히 10대에서 그런 현상이 두드러지게 나타나는데(그림 3 참조) 노년층도 이와 크게 다르지 않다. 사람들은 지금 무슨 일을 하건 친구와 함께 있을 때 더욱 행복을 느끼고 의욕도 올라간다. 공부나 가사 노동도 혼자 하거나 식구와 하는 경우에는 마지 못해서 하지만 친구들과 같이 하면 신이 나서 한다. 여기에는 미루어 짐작할 만한 이유가 있다. 친구들과 같이 있으면 적절히 어울릴 수 있는 조건이 이상적으로 갖추어진다. 우리가 어떤 사람을 친구로 선택한 것은 그와 나의 목표에 합치점이 있어서이며 서로 평등한 관계에 있기 때문이다. 우정은 서로에게 득을 준다. 이쪽이 저쪽을 착취하는 외적 강제 관계가 아니다. 이상적 우정은 결코 한자리에 고여 있지 않다. 우정은 늘 새로이 정서적, 지적 자극을 주어 권태나 무감각이 스며들 여지를 남겨두지 않는다. 우리는 새로운 대상, 활동, 모험을 추구하고 새로운 태도, 관념, 가치를 개발하면서 친구에 대해 더 깊이 알게 된다. 많은 경우 몰입 경험이 오래가지 못하는 것은 활동의 내용이 금방 시시해지기 때문이지만, 친구는 일평생을 가도 끊임없이 자극을 줄 수 있는 무한한 잠재력을 가지고 있어 우리의 정서적, 지적 기량을 갈고닦는데 큰 도움이 된다.

물론 이런 이상에 도달하기는 쉽지 않다. 성장에 도움을 주는 것이 아니라 변하지 않는 자아상을 담아두기만 하는 고치의 역할을 하는 우정도 있다. 10대의 동년배 집단, 클럽이나 카페에서 잡담으로 소일하는 이들, 직업으로 얽힌 상조회, 술친구들은 이렇다 할 부담을 주지 않으면서도 비슷한 성향을 가진 사람들 속에 섞여 있다는 위안을 준다. 이러한 모임의 성격은 '그림 3'에서 알 수 있는데, 혼자 있을 때보다 이런 친구들과 함께 있을 때 집중도가 현저히 떨어진다. 친구들과 같이 어울릴 때는 대체로 정신적 노력을 기울이는 예가 드물다.

그림 3 다양한 사회적 조건에서 청소년이 겪는 경험의 변화

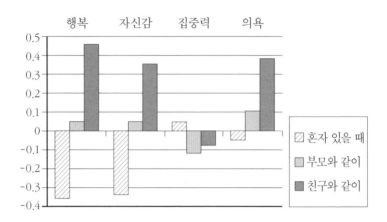

이 표에서 '0'은 일주일 동안에 보고된 경험의 질을 평균한 값이다. 행복한 느낌과 자신감은 혼자 있을 때 눈에 띄게 떨어지고 친구들과 같이 있을 때 올라간다. 의욕도 친구들과 함께 있을 때 쑥 올라간다. 성인이건 청소년이건, 미국이건 외국이건 모든 ESM 조사에서 비슷한 흐름이 감지되었다.

출처 : 칙센트미하이와 라슨(1984).

달리 깊이 사귈 만한 대상이 없는 사람은 자기처럼 어디에도 뿌리내리지 못하는 사람들에게 의존하여 마음의 위안을 얻으려고 하는데, 이 경우 우정은 파괴적으로 작용한다. 도시의 깡패 조직, 10대 폭력 조직, 테러리스트 조직은 본인의 잘못이든 불우한 환경 탓이든 어떤 공동체에도 적응하지 못하고 자기들끼리만 어울리면서 정체성을 확인하는 개인들로 이루어져 있다. 그런 관

계에서도 성장은 이루어지지만 그것은 대다수 사람의 관점에서 보면 악질적 성장이다.

사회적 조건의 다른 특성들과 비교할 때 우정은, 가깝게는 가장 정서적 보상이 큰 상황을 제공하고 멀게는 자신의 잠재력을 발휘할 수 있는 기회를 최대한 가져다준다. 그러나 현대인의 생활은 우정을 지켜나가는 데 불리한 쪽으로 작용한다. 전통 사회로 갈수록 개인은 어렸을 때 사귄 친구들과 일평생 만날 기회가 많다. 그러나 미국처럼 땅이 넓고 사회적 이동 범위도 큰 사회에서 이것을 기대하기란 불가능하다. 중학교 친구와 고등학교 친구가 다르고 대학교에 들어가면 또 바뀌는 것이 현실이다. 게다가 직장을 옮기는 경우도 잦고 이 도시에서 저 도시로 전근을 갈 때도 많다. 나이가 들수록 친구와의 사귐이 일시적이고 피상적으로 흘러가게 마련이다. 정서적 위기를 맞이한 성인들이 자주 토로하는 고백 중 하나가 바로 참다운 친구가 없다는 것이다.

또 하나 자주 듣는 이야기는 만족스러운 성적 관계를 누리지 못한다는 것이다. 20세기가 이룩한 문화적 성취의 하나가 바로 삶에서 '좋은 섹스'의 중요성을 재발견했다는 것이다. 그러나 늘 그렇듯이 이 문제를 너무 부풀리는 경향이 있다. 섹스가 삶의 나머지 경험으로부터 유리되면서 사람들은 성의 자유로운 만끽을 통하여 행복을 누릴 수 있다는 그릇된 관념에 빠지게 되었다. 성적 접촉의 다양성과 빈도가 그 성적 접촉의 바탕이 되는 인간관계의 깊이와 강도보다 우위를 점하고 있다. 이 문제에 대하여 교회에서 전통적으로 가르치는 내용이 요즘 일반인의 머릿속에 자리 잡은 믿음보다 과학적 사실에 더 가깝다는 것이 퍽 흥미롭다.

진화론에서는 성행위의 원래 목적이 아이를 낳고 부부의 결속을 강화하는 데 있다고 보기 때문이다. 물론 그렇다고 해서 이러한 기능들이 성행위의 유일한 목적이라고 말할 수는 없다. 가령 미각의 일차적 기능은 신선한 음식과 부패한 음식을 구별하는 것이었지만 시간이 흐르면서 우리는 맛의 섬세한 차이에 바탕을 둔 복잡한 조리 기술을 발전시켜왔다. 그러므로 성적 쾌락은 그 유래가 무엇이었든 간에 삶을 풍요롭게 하는 새로운 가능성을 언제든지 열어줄 수 있다. 그러나 허기와 관계없는 폭식이 부자연스러운 것과 마찬가지로 상대방의 애정, 관심, 일체감과 동떨어진 성행위에 집착하는 것은 빗나간 자세다.

본능을 해방시켜야 한다고 앞장서서 외치며 사회의 억압으로부터 벗어날 수 있는 출구로서 프리섹스를 들고 나왔던 선구자들은 반세기 뒤에 섹스가 방취제나 청량음료를 파는 데 이용되리라고는 상상도 하지 못했다. 마르쿠제 등이 서글프게 인정하듯이 에로스는 이런저런 방식으로 악용될 수밖에 없는 운명에 놓여 있다. 교회나 국가 권력, 그리고 나중에는 광고 산업이 에로스의 막강한 에너지를 어떤 방식으로든 이용하려 했기 때문이다. 과거에 성이 억압되었던 것은 성에 실린 강력한 에너지를 생산적 목표로 탈바꿈할 수 있는 가능성 때문이었다. 그런데 지금은 성적 자기실현이라는 환상을 심어주어 성의 에너지를 소비 행위로 끌어모으기 위해 성욕의 발산이 권장된다. 어느 경우에든 삶의 가장 깊고 내밀한 희열을 가져올 수 있는 힘이 바깥 세계의 이익에 의해 뒤엎어지고 농락당하고 있다.

그럼 어떻게 해야 할까? 살아가면서 자주 경험하는 일이지만 여기서도 스스로 결정을 내리는 것이 중요하다. 지금 문제가 무엇인지를, 자신의 목표를 이루기 위해 우리의 성을 지배하려는 세력이 누구인지를 간파해야 한다. 그래야 우리가 얼마나 유혹에 넘어가기 쉬운 존재인가를 하루 빨리 깨달을 수 있다. 그것은 아주 보편적인 인간의 조건이다. 어렸을 때 나는 코요테라는 동물이 발정한 암컷을 보내 어리숙한 농장의 개를 자기들이 매복하고 있는 곳으로 끌어들인다는 이야기를 자주 들었다. 우리가 얼마나 유혹에 넘어가기 쉬운가를 깨달은 사람 중에는 아예 극단의 길을 치달아 섹스에만 몰입하는 경우도 있다. 그러나 금욕도 방종도 우리에게 결코 보탬이 되지 않는다. 중요한 것은 삶의 틀에 대한 확고한 의식을 가지는 것이며, 그 틀 안에서 성이 어떤 위치를 차지해야 하는가에 대해 뚜렷한 입장을 취하는 것이다.

좋은 친구를 사귀기가 워낙 어려워서인지 미국에서는 부모, 배우자, 자식이 친구처럼 지내는 새로운 가능성이 모색되고 있다. 사랑에도 예의범절을 중시하는 전통 유럽인의 시각에서 보면 남편이나 아내한테서 우정을 느낀다는 말 자체가 모순이다. 경제적, 정치적 결속의 강화에 혼인이 크게 기여하고 자식이 부모로부터 유산과 직위를 세습받던 시절에는 우정의 밑바탕이 되는 평등과 호혜의 조건이 마련되지 않았다. 지난 몇 세대 사이에 가정은 필수 불가결한 경제적 역할이 크게 축소되었다. 물질적 혜택에 대한 의존도가 줄어들면서 가정이 주는 정서적 보상의 의미가 한층 부각되었다. 그러므로 현대의 가정은 숱한 문제점에도 전에는 기대하기 어려웠던 최적의 경험을 할 수 있는 새로운 가능성을 맞이하고 있다.

지난 몇 십 년 동안 우리는 적어도 빅토리아 시대 이후로 우리가 소중히 여겨왔던 가정의 모습이 수많은 대안 중 하나일 따름이라는 사실을 깨닫게 되었다. 역사학자 르 로이 라뒤리에 따르면 중세의 프랑스 농촌 가정은 같은 지붕 아래 살면서 식사를 함께하는 사람들로 이루어져 있었다. 혈연으로 맺어진 사람은 당연히 여기에 포함되었고 농사일을 거드는 일꾼이나 잠시 묵었다 가는 외지인도 가족의 울타리 안에 들어갔다. 개인과 개인을 가르는 구분선이 없었다. 피로 맺어졌건 안 맺어졌건 돌과 회반죽으로 지어진 집에서 함께 거주하면 모두 가족이었다. 중요한 것은 공간적 일체감이지 생물학적 일체감이 아니었다. 그보다 1,000년 앞선 로마 시대 가정의 사회적 배열 또한 지금과는 크게 달랐다. 가장에게는 마음에 안 드는 자식을 죽일 수 있는 법적 권한이 있었으며, 훗날 19세기 귀족 가문에서 그랬던 것처럼 혈연을 아주 중요하게 여겼다.

문화적 전통이 같다고 해서 이러한 편차가 사라지는 것은 아니다. 인류학자들의 연구 덕분에 우리는 가족의 형태가 무척 다양하다는 사실을 알게 되었다. 가령 가족의 범위가 엄청나게 넓은 하와이에서는 가장 나이 많은 여성을 그 집안의 '어머니'로 여긴다. 일부다처제를 운용하는 사회가 있는가 하면 일처다부제를 수용하는 사회도 있다. 미국은 이혼율이 50퍼센트를 넘고 아이들의 상당수가 편모슬하 사회적 통념에서 벗어난 집안에서 살고 있다. 하지만 이런 다양성에 익숙해져서인지 가정이 와해되는 현실을 비극이라기보다는 달라지는 사회적, 경제적 조건에 걸맞은 새로운 형태로 넘어가는 정상적인 과도기로 기꺼이 받아들일 태세가 되어 있는 것 같다. 가정은 무용지물이며 종국에는 사라질 수밖에 없는 반동적 제도라는 극단론까지 들려온다.

그런가 하면 '가정의 가치'를 옹호하는 보수주의자들은 몇 십 년 전의 TV 드라마에 고이 간직되어 있는 전통적 가족 구조로 되돌아가야 한다고 주장한다. 도대체 누가 옳은가? 분명히 양측의 주장에 어느 정도 일리가 있는 건 사실이지만 지속적으로 전개되는 양상을 편협한 시각 안에 가두어 이해한다는 점에서는 모두 오류를 범하고 있다. 먼저, 고정 불변의 이상적 가족상이 존재하며 사회적 조건이 아무리 변하더라도 이런 환상을 고수할 수 있다고 주장하는 것은 정직하지 못한 자세다. 그렇지만 자라나는 아이들에게 부모만이 줄 수 있는 정서적 뒷받침과 보살핌 없이도 한 사회가 건강하게 유지될 수 있다고 주장하는 것 또한 위험천만한 논리다. 가정의 형태가 아무리 변화무쌍하게 펼쳐져 왔다고는 하지만 한 가지 변하지 않는 요소가 있으니, 그것은 곧 성이 다른 두 어른이 결합하여 서로의 행복을 위해 노력하면서 자식에 대해 책임을 함께 나누어 가진다는 사실이다.

결혼이라는 제도가 모든 사회에서 아주 복잡하게 나타나는 이유는 바로 여기에 있다. 신부의 지참금이나 몸값을 시시콜콜 따지는 관행이 생겨난 것은 부부 사이에서 태어난 아이가 사회에 부담을 주는 걸 막아보려는 의도에서였다. 모든 사회에서 신랑과 신부의 부모와 친척은 두 사람 사이에서 태어난 아이를 뒷바라지하고 가르쳐야 할 책임을 진다. 그것은 물질적 지원의 형태일 수도 있고 공동체의 가치 규범을 아이의 머리에 불어넣어주는 사회화의 형태로 나타날 수도 있다. 소련, 이스라엘, 중국, 그 어떤 사회에서도 가정을 해체하고 그 자리에 다른 골격의 사회제도를 밀어넣는 데 실패했다. 그런데 자유주의를 앞세운 현대 자본주의 사회에서 가정이 속수무책으로 무너지고 있다는 사실은 아이러니가 아닐 수 없다.

가족 관계가 삶의 질에 미치는 영향력은 너무나 막중해서 만일 그런 주제를 글로 엮는다면 그야말로 무궁무진하게 나올 것이다. 『햄릿』에서 『보바리 부인』, 『느릅나무 밑의 욕망』에 이르기까지 위대한 문학 작품의 상당수가 바로 가족의 문제를 건드리고 있다. 한 가족 안에서도 처한 입장에 따라 경험하는 내용이 달라진다. 같은 사건을 앞에 놓고도 상황을 어떻게 받아들이는가에 따라, 또 과거의 가족 관계가 어떻게 이루어졌는가에 따라 아버지, 어머니, 자식의 반응에 차이가 난다. 아주 일반화시켜서 말하자면 사람이 하루 중에 느끼는 감정의 기복에서 조절판 역할을 하는 것이 가정이라고 할 수 있다. 가정에서는 친구들과 어울릴 때처럼 희열을 맛보는 경우는 드물지만 혼자 있을 때처럼 푹 가라앉는 경우도 드물다. 자신의 억눌린 감정을 이렇다 할 부담 없이 쏟아낼 수 있는 곳도 가정이다. 불행한 일이지만 적잖은 가정에서 학대와 폭력이 다반사로 일어나는 것만 봐도 그 사실을 짐작할 수 있다.

리드 라슨과 마리즈 리처즈가 ESM 방식으로 가정의 역학 관계를 폭넓게 조사한 연구에서 몇 가지 흥미로운 결과가 나왔다. 가령 부부가 모두 직장에 다닐 경우 남자는 직장에선 기분이 별로였다가 집에 돌아오면 풀리는 반면, 아내는 퇴근하면 해치워야 하는 집안일 때문에 기분이 가라앉아 서로 정반대의 양상을 보인다. 우리 예상과는 달리 우애가 돈독한 가정에서는 부모와 자식이 서로를 피하기에 급급하다. 오늘날 가정에서도 배우자 간 성차는 여전히 강하게 남아 있다. 아버지의 기분은 가족 모두의 기분에 영향을 미치고 아이들의 기분은 어머니의 기분에 영향을 미치는 반면, 어머니의 기분은 식구들에게 이렇다 할 영향을 미치지 못한다. 약 40퍼센트의 아버지와 10퍼센트 미만의 어머니가 자식이 어떤 일을 해냈을 때 기분이 좋아진다고 대답한 반면, 45퍼센트의 어머니와 20퍼센트의 아버지가 자식들이 기분 좋아하면 자신들도 기분이 좋다고 대답하였다. 여기서 분명히 드러나는 것은 남자는 아직도 아이들이 무슨 일을 하는가에 관심을 두는 반면, 여자는 아이들이 어떤 감정 상태에 있는가를 중시한다는 점이다. 여기에는 남편과 아내의 전통적 역할 의식이 반영되어 있다.

원만한 가정을 꾸려나가는 비결이 무엇인가에 대한 글에서 공통적으로 지적하는 내용은, 식구 하나하나의 정서적 안정과 성장을 뒷받침하는 가정에는 두 개의 거의 상반된 특성이 공존하고 있다는 점이다. 그것은 원칙과 자발성, 규율과 자유, 높은 기대와 무조건적 사랑의 공존이다. 좋은 가정은 가족 한 사람 한 사람의 성장을 북돋우면서도 애정의 울타리 안에 묶어들이는 복합적인 구조 속에서 움직인다. 언제까지 집에 들어와야 하고 숙제는 언제 하고 그릇을 누가 씻는가처럼 허용 가능한 것과 허용할 수 없는 것이 무엇인가를 놓고 옥신각신하느라 불필요하게 기운을 낭비하지 않기 위해서라도 원칙과 규율은 있어야 한다. 기운을 입씨름과 말다툼에 허비하지 않으면 각자의 목표를 추구하는 데 건설적으로 투자된다. 그러면서도 식구들은 필요할 때는 가족 전체로부터 정신적 후원을 얻을 수 있다는 사실을 잘 알고 있다. 이렇게 복합적인 가정에서 자라는 아이들은 실력을 닦고 과제를 깨닫는 기회를 갖게 되어, 살아가면서 몰입 경험을 남보다 많이 할 확률이 높다.

보통 사람은 하루 중 깨어 있는 시간의 3분의 1을 혼자서 보낸다. 너무 많은 시간을 혼자서 보내는 사람도 문제지만 혼자 있는 시간이 너무 적은 사람도 문제가 있다. 또래들과 어울려 다닐 생각만 하는 청소년은 학교생활을 잘하지 못하고 스스로 생각하는 법을 도무지 배우려 들지 않는다. 반면 외톨이로 지내는 아이는 우울증과 소외감에 시달리기 쉽다. 오지의 벌목공이나 정신과 의사처럼 물리적, 정서적으로 고립된 직업을 가진 사람들이 상대적으로 자살할 확률이 높다. 하루의 일과가 꽉 짜여 있어 심리적 무질서를 낳는 기운이 사람의 의식을 사로잡기 어려운 경우는 예외지만 말이다. 카르투지오 수도원의 수사들은 격리된 방에서 평생을 살면서도 이렇다 할 부작용을 보이지 않는다. 잠수함 승무원들은 사생활이 전혀 보장되지 않는 상태에서도 몇 달을 끄떡없이 지낸다.

문자가 없는 사회에서는 적정 수준으로 요구되는 고립의 시간마저 아예 없는 경우가 많다. 인류학자 리오 포춘의 보고에 따르면 멜라네시아의 도부족은 혼자 있는 걸 기를 쓰고 피하려 한다. 용변을 보러 수풀로 들어갈 때도 혼자 가면 마귀에게 봉변을 당할까 봐 꼭 다른 사람을 데리고 간다. 혼자 있는 사람이 마귀에게 취약하다는 것은 아주 허무맹랑한 이야기는 아니다. 설명이 너무 비유 일변도로 나간 것은 사실이지만 어디까지나 구체적 현실을 묘사하고 있다. 고립된 개인은 망상이나 비현실적 공포에 빠져들기 쉽다는 점을 많은 사회과학자들도 지적한다. 날씨나 어제저녁의 야구 경기처럼 아무리 하찮은 주제일지라도 다른 사람과 나누는 대화는 우리 의식 안에 공동의 현실감을 만들어낸다. "조심해서 가세요"같은 인사 한마디를 통해서도 우리는 다른 사람이 나를 알아주고 나의 안위에 관심을 가지고 있기 때문에 내가 존재한다라는 사실을 새삼 깨닫는다. 그러므로 밥 먹듯이 자주 이루어지는 만남에도 '현실의 유지'라는 중요한 기능이 있는 것이다. 의식이 무질서로 와해되지 않기 위해서는 이러한 기능이 필요하다.

그 점을 웅변하듯이 남들과 있을 때보다는 혼자 있을 때 울적하다고 호소하는 사람들이 많다. 혼자 있으면 별로 신이 안 나고 즐겁지도 않으며 기운이 떨어지고 무력감과 권태감, 외로움에 휩싸인다는 것이다. 혼자 있을 때 유일하게 올라가는 경험의 요소는 집중력이다. 이런 이야기를 들려주면 사색을 즐기는 사람들은 얼른 수긍하지 못한다. "그럴 리 없다, 나는 혼자 있는 게 좋아서 일부러 고독을 찾아나서는 편이다"라고 그들은 말한다.

물론 고독을 즐기는 법을 배울 수야 있지만 그것은 말처럼 쉽지 않다. 만약 그 사람이 화가나 작가라면, 과학자라면, 혹은 취미에 푹 빠져 있거나 내적으로 풍부한 사람이라면, 혼자 있는 것이 즐거울 뿐 아니라 필요할 수도 있다. 그렇지만 그런 경지에 도달할 수 있는 정신적 바탕을 가진 사람은 극소수에 지나지 않는다.

사람들은 자신이 고독을 견디는 능력이 있다고 과신하는 경향이 강하다. 엘리자베스 노엘레 노이만이 독일에서 실시한 조사 결과는 우리가 그 점에서 얼마나 자기기만적인가를 잘 보여준다. 노이만은 수천 명의 응답자에게 산을 찍은 두 장의 사진을 보여주었다. 한 장은 사람들로 붐볐고 또 한 장은 같은 배경에 사람이 몇 되지 않았다. 그러고는 두 가지 질문을 던졌다. 첫째 질문은 "이 둘 중에서 휴가를 보내고 싶은 곳은 어디인가?"였다. 한적한 곳을 선택한 사람이 60퍼센트였고 붐비는 곳을 고른 사람이 34퍼센트였다. 다음 질문은 "대부분의 사람들이 휴가를 보낼 것이라고 생각되는 곳은 둘 중 어디인가?"였다. 이 질문에 61퍼센트가 붐비는 곳을 지목했고 23퍼센트가 한적한 곳을 짚었다. 그 사람이 정말로 무엇을 원하는가를 알아내려면 본인의 선택보다는 다른 사람들의 선택에 대해서 그 사람이 내리는 판단을 중시해야 한다는 것을 여기서도 확인할 수 있다.

우리가 살아가는 시대는 고독을 즐기건 즐기지 않건 어느 정도의 외로움을 견디며 살아가지 않으면 안 되는 시대다. 수학 공부, 피아노 연습, 컴퓨터 프로그램 짜기, 삶의 의미에 대한 사색은 다른 사람들 속에서는 아무래도 하기 어려운 활동이다. 생각을 모으려면 집중력이 필요한데 주변의 불필요한 말 한마디에, 다른 사람에게 주목해야 할 피치 못할 사정 때문에 좀체 집중할 수가 없다. 항상 친구들과 붙어 있어야 마음이 놓이는 학생은(대체로 가정에서 소원함을 느끼는 경우가 많은데) 복잡한 학습에 요구되는 정신적 에너지가 턱없이 부족하다. 머리가 아무리 좋아도 혼자 있는 걸 싫어하면 자기가 가지고 있는 재능을 개발할 수가 없다.

외로움이 인간의 발전을 부단히 위협해왔다면 이방인들 역시 그에 못지않은 문젯거리였다. 보통 우리는 혈연이나 인종, 언어나 종교, 교육 수준이나 사회적 지위 등의 잣대를 가지고 우리와 다른 사람들을 우리의 목표와는 상치되는 목표를 갖고 있다고 생각하며 의심의 눈길을 거두지 않는다. 고대의 인간 집단은 자기들만이 참다운 인간이라고 믿었고 자기들과 문화를 공유하지 않는 집단은 인간이 아니라고 보았다. 유전적으로 인간은 모두 관련되어 있음에도 문화적 차이가 대립을 강화시키는 기능을 해왔다.

다른 집단끼리 마주쳤을 때 그들은 상대가 인간임을 망각하고 '타자'를 적으로 취급하면서 필요하다면 양심의 가책 없이 몰살시키곤 했다. 뉴기니의 식인종만 그런 것이 아니라 보스니아의 세르비아계와 이슬람계, 아일랜드의 구교도와 신교도에게도 똑같이 적용되는 말이다. 인종과 교리의 차이에서 비롯된 수많은 갈등이 문명의 껍데기 바로 밑에서 부글부글 끓어오르고 있다.

다양한 부족 집단이 처음으로 만나 어울린 곳은 지금으로부터 8,000년 전 중국, 인도, 이집트 같은 세계 각지에 생겨난 거대한 도시들이었다. 상이한 배경을 가진 사람들이 거기서 처음으로 화합을 배우고 생소한 풍습을 용인하는 법을 익혔다. 그러나 국제성을 자랑하는 대도시에서도 이방인에 대한 두려움을 제거하는 데는 실패했다. 중세 파리에서는 일곱 살밖에 안 된 아이도 성당 부속학교와 집을 오갈 때 유괴범과 강도로부터 스스로를 지키기 위해 단도를 품에 지니고 다녀야 했다. 17세기만 하더라도 부녀자가 도시의 거리를 걷다가 부랑자 패거리에게 강간을 당하는 일이 다반사로 일어났다. 지금도 도심의 정글에서는 다른 피부색에 다른 옷을 입고 다른 행동거지를 하고 다니는 사람이 누군가로부터 공격을 당할 가능성이 얼마든지 있다.

그런데 우리가 간과해서는 안 될 점이 있다. 차이에 대해서 거부감을 느끼면서도 우리는 낯선 것과 이국적인 것에 매력을 느낀다는 점이다. 국제도시가 매력적인 것은 다양한 문화가 충돌하면서, 고립되고 동질적인 문화에서는 찾아보기 어려운 흥미롭고 자유로우며 창조적인 분위기가 나타난다는 점 때문이다. 그래서 사람들은 공원, 거리, 식당, 극장, 클럽, 해변처럼 낯선 사람들에게 둘러싸인 공적 공간에서 가장 만족스러운 경험을 한다고 말한다. '타자'들이 기본적으로 우리와 같은 목표를 가지고 있고 어느 정도 예측할 수 있는 한계 안에서 행동하리라고 가정할 수만 있다면, 타인이라는 존재는 삶의 질을 높이는 조미료 구실을 톡톡히 한다.

현재의 다원주의 추세는 이방인의 낯섦을 줄이는 한 가지 활로가 될 수 있다. 또 하나의 활로는 공동체의 '회복'이다. 앞의 말에다 따옴표를 붙인 이유는 이상적 공동체가 이상적 가정처럼 실제로 존재하지 않았을지도 모른다는 사실을 암시하기 위해서다. 일상생활의 역사를 서술한 책들을 읽어보면 사람들이 공동체 안이나 바깥의 적을 두려워하지 않고 서로를 도우면서 평화롭게 생업에 종사했던 시절은 그 어느 지역에서건 좀처럼 발견하기 어렵다는 걸 알게 된다. 중국, 인도, 유럽의 작은 도시에는 차별받는 소수 민족도 없고 조직범죄도 없었을지 모르지만 부적응자, 일탈자, 이단자, 비천한 신분은 어디에나 있었고 정치적, 종교적 적대감은 내전으로 번번이 폭발했다. 아메리카 대륙으로 초기에 이주해온 사람들은 상당한 응집력을 보여줬지만 마녀 사냥, 원주민과의 전쟁, 영국 왕을 인정할 것이냐의 여부, 노예제에 대한 견해에서는 심한 내부 갈등을 겪을 수밖에 없었다.

바꿔 말하면 화가 노먼 록웰이 묘사한 미국의 이상적 소도시상은 그가 그린 추수감사절 저녁 식탁에 모여 앉아 미소를 지으며 기도를 올리고 있는 혈색 좋은 가족의 자태처럼 현실 속에서는 오히려 예외적인 모습이었다. 그렇다고 해서 건전한 공동체를 건설하려고 시도하는 것이 나쁘다는 소리는 아니다. 다만 안전하면서도 생기가 감도는 사회 환경은 과거에서 본보기를 찾기는 어려우며 우리가 앞으로 고민하며 건설해야 할 세계라는 점을 강조하고 싶을 따름이다.

아득한 옛날부터 서양 철학은 인간의 잠재력을 두 가지 방식으로 구현할 수 있다고 보았다. 하나는 행동력, 이를테면 공공의 영역에서 활동하면서 자신의 존재를 표현하는 방식이다. 사회에서 벌어지는 현상에 관심을 갖고 정치에 참여하여 결정을 내린다거나 생활의 불편과 명예의 실추를 감수하고라도 자신의 입장을 분명히 밝히는 것 등이 그 좋은 예다. 이것이 바로 가장 영향력 있는 그리스 철학자들이 인간 본질의 궁극적 실현이라고 보았던 내용이다. 그러다가 후대에 와서 기독교 철학이 영향을 미치면서 명상이 삶을 영위하는 최선의 방식으로 전면에 부각되었다. 가장 충만한 삶은 고독한 성찰, 기도, 거룩한 존재와의 합일을 통해서만 이루어진다는 것이다. 이 두 전략은 상호 배타적으로 이해되는 경우가 많았다. 사색과 행동을 동시에 추구하기란 불가능하다는 논리였다.

아직도 우리는 인간의 행동을 이분법으로 이해한다. 칼 융은 처음으로 인간의 정신을 내향형과 외향형이라는 개념으로 구분했다. 사회학자 데이비드 리즈먼은 인간의 성격이 역사적으로 내부지향형에서 외부지향형으로 변해왔다고 지적한 바 있다. 오늘날 심리학 연구에서도 외향형과 내향형은 사람들의 유형을 쉽고 명확하게 구분 짓는 가장 안정된 성격 특성으로 이해되고 있다. 우리는 그 둘 가운데 하나에 들어가는 편인데, 가령 다른 이들과 어울리기를 좋아해서 혼자 있으면 울적해지는 사람이 있는가 하면 고독을 만끽하면서 남과는 관계를 잘 맺지 못하는 사람이 있는 것이다. 과연 어느 유형이 충실한 삶을 살아가는 데 도움이 될까?

지금까지의 연구에서는 활달하고 외향적인 사람이 내향적인 사람보다 더 행복하고 명랑하며, 스트레스를 덜 받고, 다른 사람들과 원만한 관계를 유지하면서 살아간다는 결과가 나오고 있다. 따라서 천성이 외향적인 사람은 모든 면에서 삶을 더욱 알차게 살아간다는 결론을 내릴 수 있을 법하다. 그런데 여기서 자료를 해석하는 방식에 대해 다소 짚고 넘어갈 필요가 있다. 외향적

인간은 세상사에 대해 거침없이 토로하는 점이 두드러지는 반면 내향적 인간은 여간해서는 자기의 속마음이 어떻다고 밝히려 들지 않는다. 따라서 두 집단이 겪는 경험의 질은 같은데 보고되는 내용은 달라질 수 있는 것이다.

창조성이 뛰어난 개인을 연구하면 더욱 바람직한 해결책을 얻을지도 모른다. 이 사람들은 무조건 외향적인 것도 무조건 내향적인 것도 아니고 살아가는 과정에서 두 가지 특성을 다 보여주는 듯하다. 우리에게는 '고독한 천재'라는 고정 관념이 강하게 박혀 있는 게 사실이고, 또 어느 정도는 일리가 있는 말이다. 글을 쓰거나 그림을 그리거나 연구소에서 실험을 하려면 혼자 보내는 시간이 있어야 한다. 그렇지만 창조적인 사람들은 다른 사람을 만나 이야기를 듣고 의견을 나누며 서로의 작업에 대해 이해를 넓히는 것이 무엇보다도 중요하다고 이구동성으로 말한다. 물리학자 존 아치볼드 휠러는 단도직입적으로 이렇게 주장한다. "다른 사람들과 어울리지 않으면 낙오되기 십상이다. 남의 도움 없이 큰 인물이 될 수 없다는 것이 나의 지론이다."

휠러 못지않게 이름난 과학자 프리먼 다이슨도 자기의 연구 활동에서 이 이원적 대립 구도의 미묘한 전개를 설득력 있게 묘사한다. 그는 자기 연구실 문을 가리키며 이렇게 말한다.

과학은 군집성이 강한 영역이다. 과학의 골간을 이루는 것은 언제 연구실 문을 열고 언제 문을 닫느냐다. 연구를 할 때 나는 문을 열어둔다. 기회만 있으면 사람들과 대화를 하려고 애쓴다. 그렇게 자꾸 어울려야만 흥미로운 결과가 나오기 때문이다. 과학은 기본적으로 공동 작업이다. 새로운 것들이 시시각각 쏟아져 나오므로 흐름에 뒤떨어지지 않으려면 잠시도 한눈을 팔아서는 안 된다. 항상 대화를 주고받아야 한다. 하지만 집필은 전혀 다르다. 글을 쓸 때 나는 문을 닫는다. 그래도 시끄러운 소음이 들려오면 아예 도서관에 가서 파묻혀버릴 때가 많다. 집필은 고독한 작업이다.

격랑을 헤치고 시티코프사를 성공적으로 이끌어온 경영인 존 리드의 하루 일과에는 내면 지향적 성찰과 강도 높은 사회적 활동이 모두 들어 있다.

나는 아침잠이 없는 사람이다. 언제나 새벽 5시면 눈을 떠서 샤워를 마치고 나오는 시각이 5시 반. 그때부터 집이나 사무실에서 일을 하면서 그날 일의 경중을 정한다. 9시 반이나 10시까지는 그렇게 나 혼자 조용한 시간을 가지려고 노력한다. 그다음부터는 수많은 면담이 이어진다. 기업의 총수는 부족의 추장과도 같다. 집무실로 찾아와서 나와 대화를 나누고 싶어 하는 사람들이 줄을 잇는다.

개인성이 강한 예술 영역에서도 교제 능력은 중요하다. 조각가 니나 홀턴은 자신의 작업에서 교제가 차지하는 비중을 실감나게 묘사한다.

방 안에 혼자 틀어박혀 가지고는 제대로 된 작품을 만들 수 없다. 이따금 찾아오는 동료 예술가로부터 "당신 생각은 어때?"이런 질문도 받아가면서 일을 해야 한다. 일종의 피드백이 있어야 한단 소리다. 죽어라고 한자리에 붙어 있는다고 해서 일이 잘되는 게 아니다. 나중에 가서 자기를 드러내야 할 때는 연고라는 것도 있어야 한다. 화랑 사람들도 알아야 하고 내 분야에 관계된 일을 하는 사람들을 많이 알아야 한다. 거기에 속하고 싶건 속하고 싶지 않건 간에 어떤 동질적 세계의 일원이라는 것은 피할 수 없는 엄연한 현실이다. 그렇지 않은가?

이 창조적인 개인들이 삶을 헤쳐나가는 방식에서 우리는 사람이 외향적이면서 동시에 내향적일 수 있는 하나의 가능성을 읽는다. 어쩌면 내향성 일변도에서 외향성 일변도에 이르는 전 범위를 드러내는 것이야말로 인간 본연의 자연스러운 모습인지도 모른다. 죽 이어진 스펙트럼에서 양끝의 한 자락에만 갇혀 삶을 집단성 아니면 개인성 어느 하나로만 경험하는 것이야말로 비정상적 태도가 아닐 수 없다. 물론 우리는 타고난 기질이나 자라온 환경의 탓으로 두 극단성 가운데 어느 하나에 치우치기 쉬우며 세월이 흐르면 어느새 그것이 몸에 익어 활발한 어울림 아니면 쓸쓸한 고독 중 하나를 택하게 된다. 하지만 그렇게 하면 사람의 다양한 경험 영역을 축소하고 삶을 향유하는 수많은 가능성을 줄이는 결과를 초래한다는 걸 다시 한 번 강조하고 싶다.

# 7

## 삶의 패턴을 바꾼다

몇 해 전 나는 여든세 살의 할아버지로부터 지금껏 독자한테서 받은 글 중 가장 감동적인 편지를 받았다. 제1차 세계대전이 끝난 뒤 그분은 야전포병으로 남반구에 머물고 있었다. 군인들은 대포를 말로 끌어 운반했는데 작전이 끝나면 말을 타고 폴로 게임을 즐겼다. 그분은 폴로 게임을 하면서 맛보았던 짜릿한 기쁨을 그때까지 한 번도 느낀 적이 없었고, 그 뒤로도 그런 희열은 다시 맛보지 못했던 모양이다. 노인은 폴로가 아니면 그런 황홀경을 다시 맛볼 수 없다고 생각했다. 그 뒤 60년의 세월은 이렇다 할 사건 없이 무미건조하게 흘러갔다. 그러다가 얼마 전 내가 쓴 『몰입(Flow)』이라는 책을 읽고 청년 시절에 자신이 맛보았던 희열을 폴로에서만 얻을 수 있는 게 아니란 사실을 깨달았던 모양이다. 그 후로 그분은 재미있을 거라고 생각만 했지 막상 결행한 적이 없는 일에 차츰 손을 대기 시작했다. 정원을 가꾼다거나 음악 감상을 한다거나 하면서 수없이 많은 활동을 했다. 그러자 놀랍게도 청춘의 열정이 되살아났다.

여든 줄로 접어든 노인이 지루한 삶을 더 이상 수동적으로 받아들일 필요가 없다는 사실을 깨달은 것은 물론 다행스러운 일이다. 그러나 60년이라는 금쪽같은 시간을 허송세월로 보냈다는 것은 누구도 부인하지 못할 사실이다. 자신의 에너지를 잘만 활용하면 누구보다도 알찬 경험을 할 수 있는데도 너무나 많은 사람들이 그 점을 까맣게 모르고 있다. 미국 인구의 15퍼센트가 살아가면서 단 한 번도 몰입 경험을 한 적이 없다는 통계가 정확하다면 무려 몇 천만 명이나 되는 사람들이 가치 있는 삶으로 이어지는 길을 스스로 차단하고 있다는 소리가 된다.

물론 사람들이 몰입 경험을 아주 드물게밖에 못하거나 아예 못하는 데는 수긍이 갈 만한 이유가 있다. 부모에게서 받은 학대, 가난, 그 밖의 수많은 외적 요인들이 한 사람이 일상생활에서 즐거움을 느끼기 어렵게 만든다. 하지만 그런 장벽들을 보란듯이 극복한 예도 얼마든지 찾아볼 수 있다. 그런 사례들은 모름지기 삶의 질이란 것은 외부 상황이 결정한다는 믿음을 고수하기 어렵게 만든다. 몰입 경험에 관하여 쓴 내 글에 대해 가장 거세게 이의를 제기한 사람은 바로 자신들이 학대를 받으면서 자랐다고 주장하는 이들이었다. 그들은 내가 토로한 생각과는 달리, 학대를 받고 자란 아이도 어른이 되어 얼마든지 보람 있는 삶을 살아갈 수 있다는 사실을 나에게 납득시키려고 애썼다.

그런 사례들은 너무 많아 일일이 소개하기가 힘들 정도인데

나에게 가장 큰 감동을 준 것은 안토니오 그람시의 일화다. 잘 알려진 대로 인간적 사회주의를 부르짖은 그람시는 금세기 유럽 사회사상에 엄청난 영향을 미쳤고 레닌주의와 스탈린주의의 궁극적 소멸에도 커다란 공헌을 한 사상가다. 1891년 이탈리아 본토에서도 멀리 떨어진 사르디니아 섬의 가난한 가정에서 태어난 그람시는 척추 장애로 어린 시절을 줄곧 병마와 싸우며 보내야 했다. 아버지가 무고죄로 형무소에 갇히는 신세가 되어 가족을 부양할 수 없게 되면서 그의 가족은 나락으로 떨어졌다. 그람시의 삼촌은 조카의 굽은 등을 고쳐주겠노라며 가족이 살고 있던 다 쓰러져가는 오두막의 서까래에다 그람시의 발목을 묶어 매달곤 했지만 헛수고였다. 그람시의 어머니는 언제 아들의 숨이 끊어질지 몰라 장례 준비에 걸리는 시간을 조금이라도 줄이자는 생각으로 매일 밤 좋은 양복 한 벌과 양초 두 자루를 경대에 넣어두곤 했다. 이런 사실들을 감안한다면 그람시의 성격이 증오와 원한으로 똘똘 뭉쳐 비뚤어지는 것이 오히려 당연하다고 볼 수 있지만, 그람시는 탁월한 문필가와 이론가로 성장하여 억압받는 사람들을 돕는 데 일생을 바쳤다. 그는 이탈리아 공산당의 발기인 가운데 한 사람이었지만 인본주의적 가치관을 버리고 편의주의나 당의 독단적 결정을 받아들인 적은 한 번도 없었다. 무솔리니에 의해 중세 감옥에 쓸쓸히 유폐된 상황에서도 그람시는 밝고 희망에 넘치는 편지와 에세이를 줄기차게 썼다. 외부 요인들은 하나같이 그람시의 삶을 비틀지 못해 안달이었지만 그는 불굴의 노력으로 지성과 감성의 성숙한 조화를 이루어 후세인에게 값진 유산으로 물려주었다.

내가 조사를 통해 알아낸 또 하나의 사례는 라이너스 폴링의 생애다. 오리건 주 포틀랜드에서 태어난 폴링은 아홉 살 때 아버지가 돌아가시면서 많은 고생을 겪었다. 폴링은 독서광에다 광물, 식물, 곤충 등을 수집하는 등 탐구심이 남달리 뛰어난 소년이었지만 대학 진학은 꿈도 꿀 수 없는 형편이었다. 다행히 친구의 부모가 발 벗고 나서서 폴링을 대학에 등록시켰다. 폴링은 칼테크에서 장학금을 받았고 계속해서 연구에 매진한 결과 1954년에는 노벨화학상을, 1962년에는 노벨평화상을 수상하였다. 그는 대학 시절을 이렇게 회상하고 있다.

나는 희한한 일들을 하면서 푼돈을 벌었다. 학교에서 내가 얻은 아르바이트는 비산소다가 가득 든 통 안에 막대기를 집어넣었다가 잔디밭에 쩔러 넣어 민들레를 죽이는 일이었다. 매일같이 장작을 패는 것도 빠뜨릴 수 없는 일과였는데 이미 톱질이 된 나무를 여학생 기숙사의 화덕에 집어넣을 수 있는 크기로 가지런히 자르는 일이었다. 일주일에 두 번은 쇠고기를 스테이크나 로스용으로 신물이 나도록 썰어야 했으며, 매일 널찍한 구내식당을 걸레질하는 것도 나의 몫이었다. 그러다가 2학년 막바지에는 도로 포장기사가 되어 남부 오리건 산악 지대에 아스팔트를 깔았다.

라이너스 폴링의 대단한 점은 아흔 살의 고령에도 어린아이와 같은 열정과 호기심을 간직하고 있다는 것이다. 그가 하는 모든 행동, 그가 하는 모든 말에서 생기가 느껴진다. 폴링은 가난한 환경에서 고생을 밥 먹듯이 하며 자랐지만 누구보다도 삶의 기쁨을 제대로 체득한 사람이었다. 거기에 특별한 비결이 있었던 것은 아니고 다만 본인 말대로 "그저 하고 싶은 생각이 드는 일만 해왔을 따름"이었다.

혹자는 그런 태도를 무책임하다고 비난할지도 모른다. 자기 입맛에 당기는 일만 골라서 하는 태도야말로 방종에 다름 아니라는 것이다. 그러나 중요한 것은 폴링과 비슷한 자세로 살아가는 사람들은 모두 아무리 어렵고 사소한 일일지라도, 그리고 설사 강요된 일이라고 할지라도 그것을 흔쾌히 맡아서 처리한다는 사실이다. 다만 그들은 시간을 허비하는 것만은 죽기보다 싫어한다. 그들의 삶이 나나 여러분의 삶보다 객관적으로 보아 낫다고 말할 수는 없을지 몰라도, 삶에 대한 강한 열정이 그들로 하여금 몰입 경험을 그만큼 자주 하게 한다는 건 분명하다.

최근 들어 사람은 천성적으로 낙천적 기질, 비관적 기질을 타고나며 그것을 인위적으로 바꾸려고 노력해봐야 소용없다는 주장을 펴는 글이 많이 나오고 있다. 낙천적 성향을 가진 사람은 어지간한 불행이 닥쳐도 낙관적 태도를 잃지 않는 반면에 비관적 성향을 가진 사람은 행운이 닥쳐와도 즐거움은 잠시뿐, 그 순간이 지나면 유전자에 의해 결정된 본래의 침울한 성격으로 돌아간다는 것이다. 만약 이런 주장이 사실이라면 사람이 자신의 삶의 질을 바꾸려고 애쓰는 모든 노력은 헛수고라고 할 수 있다. 그러나 결정론에 치우친 이 시나리오는 행복으로 종종 오해되어 받아들여지곤 하는 쾌활함을 행복의 척도로 삼을 때만 옳다. 쾌활함은 한 사람의 성격에서 상당히 안정되게 나타나는 특성이기는 하다. 그렇지만 만일 우리가 몰입 경험에서 맛볼 수 있는, 밖으로 두드러지지 않는 내면의 즐거움을 진정한 행복이라고 말한다면 사정은 전혀 달라진다.

오랜 기간 ESM으로 청소년들을 추적 조사해온 조엘 헥트너는 청소년들이 일주일에 몰입 경험을 몇 번이나 하는지를 2년의 시차를 두고 조사한 적이 있다. 그 결과 응답 청소년의 60퍼센트는 2년 전이나 후나 별다른 차이가 없었다. 2년 전에 몰입 경험이 많았던 청소년은 2년 뒤에도 역시 많았고 2년 전에 적었던 청소년은 2년 뒤에도 적었다. 그러나 나머지 40퍼센트는 2년 동안에 커다란 변화를 겪어서, 절반은 몰입 경험을 전보다 확실히 많이 한다고 응답했고 절반은 몰입 경험의 빈도가 확 줄어들었다고 말했다(이때의 몰입 경험은 난이도가 높고 고도의 실력을 요구하는 일에서 맛볼 수 있는 것으로 기준을 정했다). 전보다 몰입 경험을 하는 빈도가 크게 늘어난 청소년들은 공부를 더 많이 하고 수동적 여가에 시간을 조금 투자했으며, 몰입 경험의 빈도가 줄어든 청소년들보다 집중력, 자부심, 희열, 적극성 면에서 높은 점수를 얻었다. 2년 전만 하더라도 두 집단은 비슷한 경험을 했는데 말이다. 몰입 경험이 늘어난 청소년들이 줄어든 청소년들보다 "행복하다"는 응답을 더 많이 하지는 않았다는 사실 또한 짚고 넘어갈 필요가 있다. 그러나 다른 경험에서 워낙 현격한 차이가 나타나므로 몰입 경험의 빈도가 낮은 집단이 보고하는 행복은 상대적으로 얕팍하고 진정성이 떨어진다고 결론지어도 무방할 것이다. 이것은 우리가 몰입할 가능성이 더 많은 활동들에 정신력을 투자함으로써 삶의 질을 현실적으로 끌어올릴 수 있음을 시사한다.

한 사람의 삶에서 직업이 차지하는 비중은 막중하므로 사람은 직장 생활에서 당연히 즐거움을 얻고 보람을 느낄 수 있어야 한다. 그렇지만 많은 사람들은 보수가 많고 안정성이 높다면 아무리 지겨운 일을 하더라도 상관없다고 생각하는 것 같다. 그러한 자세는 깨어 있는 시간의 40퍼센트 가까이를 차지하는 소중한 시간을 방기하는 태도다. 우리가 직장 생활에서 즐거움을 느낄 수 있도록 옆에서 도움을 줄 수 있는 사람은 아무도 없으므로 결국 그 책임은 스스로 떠맡아야 한다.

일반적으로 사람들이 직장 일을 고역으로 받아들이는 데는 크게 세 가지 이유가 작용한다. 첫째는 하나 마나 한 일을 한다는 불만이다. 누구에게도 득이 되지 못하고 사실은 해를 끼칠 가능성이 더 많은 일을 한다는 것이다. 일부 공무원들, 스트레스를 많이 받는 세일즈맨들, 심지어는 과학자들 중에서도 가령 군수산업이나 담배 회사에서 일하는 사람들은 자신이 먹고살기 위해 하는 일을 심리적으로 정당화하기 위해 이만저만 마음 고생하는 것이 아니다. 둘째는 지겨운 일을 밥 먹듯이 되풀이해야 한다는 데서 느끼는 불만이다. 참신한 맛도 없고 도전 의욕을 불러일으키지도 않는 일을 하다 보면 응당 가질 법한 생각이다. 몇 해만 지나면 그런 일은 눈을 감고서도 할 수 있게 되고 성장한다는 느낌보다는 정체하고 퇴보한다는 불안감이 싹트게 된다. 셋째는 직장 일이 엄청난 스트레스를 준다는 점이다. 특히 상사가 너무 과도한 요구를 하거나 자신이 하는 일을 제대로 알아주지 않으면 그 스트레스는 감당하기 어려운 수준으로 올라간다. 일반인의 상식과는 달리 사람이 자기 일에서 만족을 얻느냐 못 얻느냐를 결정하는 데 큰 역할을 하는 것은 보수나 안정성보다는 바로 이 세 가지 요인이다.

선뜻 인정하고 싶지 않겠지만 힘겨운 난관을 극복할 수 있는 능력은 결국 우리에게 있다. 우리가 하는 일이 덧없고 지루하며 스트레스 덩어리로 받아들여진다고 해서 가족을, 사회를, 역사를 욕할 수는 없다. 물론 우리가 하는 일이 무의미하며 심지어는 남에게 실제로 피해를 준다는 사실이 드러났다 하더라도 현실적으로 선택할 수 있는 대안은 많지 않다. 하지만 가장 현명한 길은 설령 경제적으로 아주 힘든 처지에 봉착하더라도 한시바삐 지금까지 해온 일을 그만두는 것이다. 인생을 길게 보면, 물질적으로는 편해도 마음은 편치 못한 일을 하는 것보다는 자기가 정말 하고 싶은 일을 하는 것이 백번 낫고 또 의당 그래야 옳다. 그런 결정을 내리기란 참으로 힘들며 자신에게 무서우리만큼 정직해야 한다. 나치의 유대인 말살책을 지휘한 아돌프 아이히만과 그 충실한 이행자들의 심리 구조에 대해 한나 아렌트가 설파한 것처럼, 수많은 사람을 죽인 냉혈한도 "나는 여기서 주어진 일을 할 뿐"이라는 변명으로 심리적 부담감에서 간단하게 벗어난다.

심리학자 앤 콜비와 윌리엄 데이먼은 자신이 하는 일을 의미 있게 만들기 위해 분투했던 사람들, '정상적' 생활을 포기하고 다른 이들의 삶에 변화를 가져오는 데 자신의 삶을 바친 사람들의 이야기를 풍부하게 소개하고 있다. 그런 사람의 하나가 바로 수지 발데스다. 그녀는 서부 해안 지역에서 보수도 낮고 판에 박힌 서비스직에 근무하면서 앞으로는 나아지리라는 아무런 기대도 없이 이 직장 저 직장을 떠돌고 있었다. 그러던 중 멕시코를 여행하다가 시우다드후아레스 근교에서 쓰레기 언덕을 보았다. 그곳에서는 집 없는 아이들 수백 명이 쓰레기를 뒤지며 연명하고 있었다. 그녀는 그곳에서 자기보다 더 절박한 상황에 놓여 있는 사람들을 발견했고 자기에게는 이 아이들에게 더 나은 삶의 길을 제시할 수 있는 힘이 있다는 생각을 하게 되었다. 쓰레기 속에다 구호소를 짓고 학교와 진료소까지 세운 발데스는 '쓰레기터의 여왕'으로 존경을 받았다.

이처럼 극적인 변신에 성공하지는 못하더라도 자기가 하는 일을 가치 있게 만들 수 있는 길은 얼마든지 있다. 진심에서 우러나와 손님을 맞는 슈퍼마켓 직원, 특정한 증세보다는 환자의 전체 건강 상태에 관심을 기울이는 의사, 센세이션 못지않게 중요한 것은 진실이라는 믿음으로 기사를 쓰는 기자, 이런 사람들은 티끌만 한 결과밖에는 낳지 못하는 틀에 박힌 일에 중대한 변화를 가져올 수 있는 힘을 몰고 온다. 전문화가 빠르게 진행되면서 대부분의 직업은 반복적이고 일차원적인 활동으로 바뀌었다. 매일 하는 일이 아침부터 저녁까지 슈퍼마켓 진열대에 물건을 쌓거나 단순한 서류를 작성하는 것이라면 스스로 자부심을 가지기는 쉽지 않다. 하지만 활동이 이루어지는 전체 맥락을 늘 염두에 두고 자신의 행동이 전체에 미칠 영향을 이해한다면, 아무리 사소한 직업이라도 세상을 전보다 살 만한 곳으로 탈바꿈시키는 인상적 변화를 이끌어낼 수 있다.

다른 연구자들처럼 나도 자기 일을 묵묵히 하면서 주변의 무질서를 줄이는 데 이바지한 직장인들을 많이 만날 수 있었다. 웃음 띤 얼굴로 와이퍼를 갈아주면서 그런 사소한 친절에 대해서는 돈을 받을 수 없다며 한사코 나의 사례를 거부한 주유소 직원, 집을 사고 몇 년이 흘렀어도 도움의 손길을 거두지 않았던 부동산 중개인, 다른 직원들이 모두 공항을 떠난 다음에도 끝까지 남아 손님이 분실한 지갑을 찾으려고 애쓰던 승무원……. 이 모든 사례에서 직무의 가치가 크게 올라간 것은 근무자가 자기 일에 남들보다 더 정성을 쏟아부어 거기서 남다른 의미를 끌어낼 수 있었기 때문이다. 우리가 직업에서 얻는 의미는 공짜로 굴러들어오는 것이 아니다. 이런 예들이 보여주듯이 직무 수칙에 규정된 수준 이상으로 생각하고 배려할 줄 알아야 한다. 그러다 보면 관심도 자연히 높아지게 마련이며 이러한 관심이야말로 우리가 가지고 있는 가장 값진 자산이다.

변화도 없고 긴장되지도 않는 일을 호기심과 성취 욕구를 충족시켜줄 수 있는 일로 바꾸기 위해서도 마찬가지의 노력이 필요하다. 여기서도 원하는 성과를 얻어내기 위해서는 별도로 정성을 쏟아부어야 한다. 노력하지 않으면 지겨운 일은 계속 지겨운 일로 남게 마련이다. 어느 한구석도 소홀히 하지 않는 성실함으로 직무에 임하면서 이런 조치는 과연 필요한가, 누구에게 도움이 되는가, 정말로 필요한 일이라면 더 잘, 더 빨리, 더 효율적으로 할 수는 없는가, 어떤 조치를 곁들여야 내가 하는 일에 조금이라도 더 가치가 생길 수 있는가를 묻고 또 물어야 한다. 우리는 보통 불필요한 구석을 없앰으로써 일을 최소화하는 방안이 무엇인지를 생각하는 데 많은 시간을 투자한다. 그러나 그것은 근시안적 전략이다. 같은 에너지를 일을 더 잘하는 방법을 생각하는 데 쏟아붓는다면 일에서 느끼는 즐거움도 커질 테고 직장에서 성공할 가능성도 높아질 것이다.

가장 중요한 발견들도 사실은 과학자들이 진부한 절차에 관심을 기울이는 과정에서, 설명이 필요한 새롭고 예외적인 현상에 주목한 데서 나온 것이 적잖다. 빌헬름 뢴트겐이 방사선을 발견한 것은 어떤 사진의 네거티브 필름이 빛을 쪼이지 않았는데도 마치 빛에 노출된 듯한 흔적을 보인다는 사실에 주목한 결과였다. 알렉산더 플레밍이 페니실린을 발견한 것은 세척하지 않은 지저분한 그릇에서 박테리아 배양균의 농도가 떨어진다는 점에 착안한 결과였다. 로절린 얄로가 방사면역분석시험법을 발견한 것도 당뇨병 환자가 일반 환자보다 인슐린을 흡수하는 속도가 낮다고 하는 예상 밖의 관찰 결과에 집중적으로 파고든 덕분이었다. 이 모든 예에서 공통적으로 드러나는 것은 누군가가 상황이 요구하는 수준 이상으로 관심을 기울이면 대수롭지 않은 사건이 우리의 삶을 뒤바꾸는 중대한 발견으로 바뀐다는 사실이다. 과학에는 이런 사례들이 헤아릴 수 없이 많다. 만약 아르키메데스가 욕조에 들어가면서 '이런~ 물이 탕 밖으로 또 넘쳤네, 마누라한테 잔소리깨나 듣겠군' 하는, 그저 이런 생각만 하고 말았다면 인류는 부력의 원리를 발견하기 위하여 몇 백 년이라는 세월을 더 기다려야 했을지도 모른다. 로절린 얄로는 자신의 경험을 되돌아보면서 "무슨 일이 터지면 '바로 이거구나' 하는 느낌이 온다"고 술회한다. 누구나 할 수 있는 말 같지만, 대부분의 사람들은 정신이 워낙 흐트러져 있어서 무슨 일이 터져도 그 사건의 의미를 제대로 알아차리지 못하고 넘어간다.

사소한 변화에 주목하면 위대한 발견을 낳을 수 있는 것처럼,

조금만 태도를 바꾸면 지긋지긋하고 넌더리나던 일이 빨리 하고 싶어서 안달이 날 정도로 기다려지는 환상적 활동으로 변모한다. 그 비결은 무엇일까. 첫째, 무슨 일이 일어나고 있고 그 원인이 무엇인지를 명확히 이해하는 데 관심을 기울여야 한다. 둘째, 지금의 방식이 업무에 임하는 유일한 방법이라는 수동적 자세에서 탈피해야 한다. 셋째, 대안을 모색하면서 더 좋은 방법이 나타날 때까지 실험을 게을리 하지 말아야 한다. 직장인들이 더 힘든 자리로 승진하는 것은 그들이 이전의 직책에서 이런 단계를 충실히 밟았기 때문이었다고 볼 수 있다. 설령 아무도 알아주는 사람이 없다 하더라도 자신의 에너지를 이런 식으로 활용하는 사람은 직장 일에서 더욱 만족을 느낄 것이다.

나는 시청각 기구를 조립하는 공장의 생산 라인에서 현장을 조사하다가 지금도 잊지 못하는 생생한 사례를 목격했다. 생산 라인에 있던 직원들은 대부분 마지못해 일을 했고 자신들은 이런 하찮은 일을 할 사람이 아니라는 의식을 가지고 있었다. 그때 내 눈에 띈 사람이 리코였다. 리코는 업무에 임하는 태도가 다른 사람들과 전혀 달랐다. 그는 진심으로 자기가 맡은 일이 아주 어렵고 고난도의 기술을 요구하는 일이라고 생각하고 있었다. 알고 보니 빈말이 아니었다. 다른 사람들과 똑같이 지겨운 일을 하면서도 리코는 대가라는 평가를 들어도 손색이 없을 정도의 효율성과 정밀성을 구현하기 위해 전력투구했다. 그가 서 있는 자리로 하루에 400대가량의 무비카메라가 지나가는데 43초 동안에 무비카메라 한 대의 음향 시스템이 규격에 맞는지를 점검하는 것이 그의 임무였다. 여러 해 동안 이런저런 도구를 써보고 작업

순서를 바꿔가면서 부지런히 실험을 거듭한 끝에 마침내 리코는 한 대의 카메라를 점검하는 데 들어가는 시간을 28초로 줄일 수 있었다. 그는 올림픽에 출전한 육상 선수가 여러 해 동안 피 나는 연습을 한 끝에 400미터에서 마의 44초 벽을 돌파했을 때 처럼 자기의 성취에 대해서 너무나 자랑스러워했다. 기록을 깨뜨 렸다고 해서 누가 리코한테 메달을 준 것도 아니었고, 생산 라인 은 여전히 옛날과 같은 속도로 움직이고 있으므로 공장 전체의 생산성이 올라간 것도 아니었다. 하지만 그는 자기의 실력을 최 대한으로 발휘하는 데서 더없는 희열을 맛보고 있었다. "멀뚱멀 뚱 TV만 쳐다보는 것보다야 백배 천배 기분 좋은 일이다." 현재 의 일로는 더 이상 자신의 실력을 향상시킬 수 없다고 판단한 리 코는 전자공학 분야에서 새로운 가능성을 모색하기 위해 야간 대학에 다니고 있었다.

일에서 느끼는 스트레스 문제를 푸는 데 이런 식의 접근 방법 이 필요하다고 말하면 여러분은 이제 수긍이 갈 것이다. 몰입 경 험에는 스트레스가 암적 요인으로 작용하기 때문이다. 일반적으 로 '스트레스'라는 말은 우리가 마음속으로 느끼는 갈등과 외부 적 원인을 모두 가리킨다. 이러한 모호성 탓에 외부에서 얻는 스 트레스가 심적 곤란을 불가피하게 일으킨다고 하는 그릇된 인식 이 퍼졌다. 그러나 이 경우에도 역시 객관과 주관의 일대일 대응 관계는 성립하지 않는다. 외적 스트레스(혼동을 피하는 뜻에서 '부 담'이라고 부르는 게 좋겠다)가 반드시 부정적 경험을 낳는다는 법 은 없다. 보통 사람은 자신의 실력으로는 도저히 어떻게 해볼 수 없겠다 싶은 상황에서 불안을 느끼는 게 사실이고, 그 불안에서 어떻게 해서든 벗어나려고 애쓰는 것 또한 사실이다. 그러나 상황을 이해하고 자신의 실력을 이해하는 것은 결국 주관적 평가의 차원이며 그러한 평가는 얼마든지 바뀔 수 있다는 점을 잊어서는 안 된다.

인생을 살다 보면 부담스러운 처지에 놓일 때가 많다. 직장 생활에서도 부담스러운 상황을 맞이하긴 마찬가지다. 전혀 예상하지 못했던 위기에 직면할 때도 있지만 주위의 턱없이 높은 기대와 도저히 해결의 실마리가 안 보이는 난제들도 가슴을 짓누른다. 여기서 스트레스를 느끼지 않으려면 어떻게 해야 할까? 맨 먼저 취해야 할 조치는 머리를 어지럽히는 각종 요구들 속에서 우선순위를 매기는 일이다. 책임 있는 지위로 올라가면 갈수록 중요한 일과 중요하지 않은 일을 구별하는 능력이 정말 중요하다. 일을 잘하는 사람은 자기가 처리해야 하는 사항을 메모로 조목조목 정리하는 능력이 뛰어나다. 그들은 메모를 보면서 남에게 맡기거나 잊어버릴 일이 무엇이고 직접 처리해야 할 일이 무엇인지를, 그리고 어떤 순서로 처리해야 할지를 재빨리 결정한다. 때로는 이런 활동이 제식의 형태를 띠기도 한다. 모든 의식이 그렇듯이 메모 행위도 자신이 상황을 잘 제어하고 있다는 심리적 위안을 준다. 시티코프사의 총수인 존 리드는 매일 아침 일의 우선순위를 정하는 데 시간을 쓴다. "나는 메모광이다. 처리해야 할 일이 언제나 스무 가지는 된다. 시간이 5분만 비어도 앉아서 내가 신경 써야 할 일이 무엇인지를 적어 내려간다." 반드시 이렇게 체계적으로 메모를 해야 하는 것은 아니다. 기억력이나 경험에 기대는 사람도 있을 테고 그때그때의 직관에 따라 판단을 내리는 사람도 있을 것이다. 중요한 것은 일종의 질서를 만들어내기 위해 나름대로 전략을 개발하는 일이다. 일단 우선순위가 정해지면 어떤 사람은 쉬운 일부터 처리하고 어려운 일은 나중으로 미뤄놓는다. 그런가 하면 거꾸로 처리하는 사람도 있다. 어려운 일부터 끝내놓으면 쉬운 일은 힘들이지 않고 할 수 있으리란 믿음에서다. 사람에 따라서 이 전략이 들어맞기도 하고 저 전략이 들어맞기도 한다. 중요한 것은 자기에게 어울리는 전략이 무엇인지를 발견하는 일이다.

머리에 떠오르는 이런저런 요구들 속에서 질서를 세우는 일은 스트레스를 방지하기 위한 긴 여정의 출발점에 지나지 않는다. 그다음은 처리해야 할 일의 성격과 자기 실력을 면밀히 비교하는 단계로 들어간다. 아무래도 힘에 부치는 작업이 있게 마련이다. 그 일을 남에게 맡길 수 있는가? 누군가의 도움을 얻을 수 있는가? 그 일을 단순하게 변형시키거나 쪼갤 수 있는가? 이런 질문을 던졌을 때 하나라도 답을 얻을 수 있으면 스트레스만 잔뜩 안겨줄 것으로 예상되었던 상황이 몰입 경험으로 자연스럽게 탈바꿈된다. 하지만 달려오는 자동차의 헤드라이트에 놀라 얼어붙은 토끼처럼 부담스러운 상황에 자꾸만 소극적으로 대처하면 그런 일은 생기지 않는다. 일 처리에 순서를 정하고 일을 끝내는 데 필요한 내용을 분석하며 해결 전략을 수립하는 데 좀 더 관심을 쏟아야 한다. 통제력을 잃지 않아야 스트레스를 피할 수 있다. 부담을 극복하는 데 필요한 정신력은 누구나 갖고 있지만 그것을 효과적으로 써먹을 줄 아는 사람은 극소수다.

창조적인 사람들이 살아온 과정을 보면 자기가 원하는 쪽에 일을 맞춰왔음을 알 수 있다. 창조적인 사람들은 대체로 이미 깔려 있는 길을 밟은 것이 아니라 걸어가면서 스스로 길을 만들어 냈다. 화가들은 자기만의 독특한 화풍을 창조했고 작곡가들은 자기만의 악풍을 개발했다. 창조적인 과학자들도 새로운 과학의 영역을 개발하여 후배 과학자들이 그 속에서 활동할 수 있는 터전을 닦아놓았다. 방사선학자들은 뢴트겐 이후에야 등장하였으며 핵의학자들도 얄로와 동료 연구자들이 선구적으로 그 분야를 개척한 뒤에야 나타났다. 헨리 포드 같은 기업가가 처음으로 생산 라인을 만들기 전까지 이 세상에는 자동차 조립공이란 직업이 존재하지 않았다. 물론 전혀 새로운 종류의 일을 선뜻 해낼 수 있는 사람은 많지 않다. 대부분의 사람들은 정해진 작업 규정에 따라 일을 할 뿐이다. 하지만 아무리 단순한 일을 하더라도 창조적인 사람들을 본받아 작업에 임하는 태도를 바꾸면 엄청난 결실을 얻을 수 있다.

스톡홀름 카롤린스카연구소의 한 연구 부서를 이끌고 있는 종양생물학자 게오르크 클라인은 유능한 사람들이 자기 일에 어떻게 임하는지를 생생히 보여준다. 클라인은 자기가 하는 일을 아주 좋아하지만 질색으로 여기는 일이 딱 두 가지 있다. 하나는 공항 대합실에서 줄을 서는 일인데 국제회의에 자주 참석하기 때문에 이것은 피할 수 없는 운명이다. 또 하나 그가 싫어하는 일은 정부 앞으로 연구비 지원 신청서를 작성하여 보내는 것이다. 이 두 가지 일에 어찌나 기운이 소진되었던지 나중에는 연구 작업에 불만이 쌓일 정도였다. 그렇지만 둘 다 회피할 수 있는 일이 아니었다. 그때 클라인의 머리를 번개처럼 스치는 생각이 있었다. 이 두 가지 일을 하나로 결합시키면 어떨까? 비행기 탑승을 기다리는 동안 연구비 지원 신청서를 쓴다면 이 지겨운 일을 하는 데 들어가는 아까운 시간을 절반으로 줄일 수 있지 않을까. 이 전략을 실천에 옮기기 위해 그는 최고급 휴대용 녹음기를 구입한 다음 세관 앞에 줄을 서서 기다리는 동안 연구비 자원 신청서에 들어갈 내용을 구술하기 시작했다. 객관적으로 보면 처리해야 하는 일은 그대로지만 통제력을 발휘한 덕분에 클라인은 그것을 거의 놀이의 경지로 승화시킬 수 있었다. 줄을 서는 시간에 최대한 많은 내용을 녹음하려고 애쓰다 보니 이제는 도전 의욕까지 생겨나 지겹기만 하던 일에서 생기를 찾을 수 있었다.

요즘은 비행기에 타면 노트북을 무릎에 올려놓고 열심히 두드리면서 숫자 계산을 하거나 줄을 쳐가면서 논문을 읽고 있는 사람을 흔히 볼 수 있다. 그들도 게오르크 클라인처럼 일과 여행을 결합시킴으로써 활기에 차 있는 것일까? 그것은 그들이 의무감에서 그렇게 하느냐 아니면 시간을 줄이거나 효율성을 높이기 위해 그런 전략을 채택했느냐에 달려 있다. 비행기 안에서 일하다 보면 몰입 경험보다는 스트레스를 받기 십상이다. 의무감에서 일하는 것이라면 차라리 창밖의 구름을 보거나 잡지를 읽거나 옆자리에 앉은 승객과 담소를 나누는 편이 낫다.

삶의 질에 영향을 미치는 중요한 영역이 일 외에 또 하나 있는데 그것은 우리가 남들과 맺어야 하는 인간관계다. 이 두 가지는 흔히 갈등을 빚게 마련이어서 일을 사랑하는 사람은 가족과 친구를 소홀히 여기기 쉽고 거꾸로 정이 많은 사람은 일을 소홀히

하기 쉽다. 자기가 하는 일 때문에 아내가 버림받았다는 느낌을 자주 가졌다고 술회하는 발명가 제이콥 래비노의 발언은 일에 한 번쯤 몰두해본 사람이면 누구나 공감할 수 있는 내용을 담고 있다.

일을 하다가 어떤 아이디어가 떠오르면 나는 만사를 잊고 거기 푹 빠져들어 혼자가 된다. 그때는 누가 무슨 말을 해도 귀에 들어오지 않는다. 주위에 신경을 쓸 겨를이 도무지 없다. 그럼 자연히 사람들로부터 멀어질 수밖에 없다. 만약 내가 발명가가 아니라 평범한 직장에 다니는 사람이었다면 가정에서 보내는 시간도 많았을 테고 식구들에게도 신경을 많이 썼을 것이다. 자기 일을 좋아하지 않는 사람은 그만큼 가정에 애착을 가지게 마련이라고 나는 생각한다.

이 말에는 상당한 진실이 숨어 있다. 이유는 간단하다. 사람의 집중력에는 일정한 한계가 있어서 일단 어떤 한 가지 목표에 주의를 빼앗기면 다른 곳에 관심을 돌릴 수가 없는 것이다.

그렇지만 이 두 차원 가운데 어느 하나를 무시하면서 행복을 누리기는 어렵다. 일과 결혼했다고 보아도 과언이 아닌 사람들은 대체로 이 점을 수긍한다. 그래서 이해심이 많은 배우자를 고르거나 시간 배분에 신경을 써서 운영의 묘를 살리려고 애쓴다. 라이너스 폴링은 자신의 경험을 아주 솔직하게 털어놓는다. "나는 행운아가 아니었나 싶다. 아내는 자기 인생의 보람과 희열을 오로지 식구들, 그러니까 남편과 아이들한테서 얻을 수 있다고 여기는 사람이었으니까. 아내의 깊은 배려 덕분에 나는 집안의 대소사에서 풀려날 수 있었다. 아내가 모든 문제를 도맡아 처리해주었기 때문에 나는 연구에만 시간을 쏟아부을 수 있었다." 하지만 폴링처럼 운이 좋은 사람은 드물고 특히 여성의 경우는 그런 행운을 누릴 가능성이 거의 없다고 보아야 한다.

좀 더 현실성이 높은 방안은 일에서 얻는 보상과 인간관계에서 얻는 보상의 의미를 균형 있게 추구하는 방법을 찾는 것이다. 사람들은 입만 열었다 하면 자기 인생에서 가장 소중한 것은 가족이라고 말하지만 그런 마음을 실천에 옮기는 사람은 많지 않으며 남자는 더더욱 그렇다. 물론 결혼한 남자들은 가족을 위해 자기의 삶을 바친다는 의식을 가지고 있으며 물질적 차원에서 보면 그것은 어느 정도 타당한 이야기다. 하지만 냉장고에 가득 들어 있는 식료품과 차고에 세워둔 두 대의 자동차가 화목한 가정을 보장해주지는 않는다. 어느 집단에서든 사람들을 결속시키는 힘은 대체로 두 가지다. 하나는 음식, 따뜻함, 신체적 보살핌, 돈이 제공하는 물질적 에너지며, 다른 하나는 상대방의 목표에 관심을 기울여주는 정신적 에너지다. 부모와 자식이 사고방식, 정서, 활동, 기억, 꿈을 공유하지 못하면 그들의 관계는 물질적 욕구의 충족이라는 이유 하나만으로 간신히 유지된다. 그 경우 정신적 공감대는 원시적 단계에 머물러 있을 뿐이다.

놀랍게도 많은 사람들은 그 점을 직시하려고 하지 않는다. 물질적 욕구만 충족시키면 가정은 저절로 굴러가게 마련이라고 생각하는 사람들이 의외로 많은 듯하다. 비정하고 위험천만한 세상에서 따사롭고 포근한 영원의 안식처가 바로 가정이라고 이들은 믿고 있는 것이다. 그런데 사회생활에서 나름대로 성공을 거둔 40대 후반에서 50대의 남성들이 어느 날 갑자기 아내가 집을 나가거나 자녀가 심각한 문제를 일으켜 당황하는 모습을 주위에서 심심찮게 볼 수 있다. 나처럼 가족을 사랑한 사람이 또 어디 있단 말인가, 행복한 가정을 만들기 위해 내 모든 것을 바치지 않았던가 하며 그들은 억울해한다. 그러면서 가족과 하루에 몇 분 이상 대화를 나눈 적이 손으로 꼽을 정도였다는 건 인정한다. 하지만 산더미처럼 쌓인 일로 허덕거리는 사람이 무슨 재주로 가정을 알뜰살뜰 보살핀단 말인가…….

흔히 우리는 사회생활에서 성공을 거두려면 엄청난 에너지를 지속적으로 쏟아부어야 한다고 생각한다. 반면에 가족 관계는 '자연스러운' 것이어서 정신적 노력이 거의 필요하지 않다고 여긴다. 배우자가 계속 뒷바라지해줄 것이고 부모에 대한 아이들의 애정도 식지 않을 것이라고 생각한다. 가족이란 원래 그렇다고 생각한다. 그런데 아주 잘 돌아가는 기업도 조금만 방심했다가는 언제 무너질지 모른다는 것을 모르는 사업가는 없다. 외적, 내적 조건들이 수시로 변하고 있어서 기민하게 대처할 필요가 있기 때문이다. 무질서로 나아가려는 흐름은 고정 변수나 다름없다. 주의를 기울이지 않으면 회사는 도산한다. 그렇지만 가정은 다르다고 사람들은 철석같이 믿고 있다. 가정은 무질서가 뚫고 들어올 수 없는 철옹성이어서 세태가 아무리 달라져도 바뀌지 않는다고 생각한다.

사회적 통제라고 하는 외부의 끈과 종교적, 윤리적 일체감이라고 하는 내부의 끈이 살아 움직여 가정을 묶어주었던 시절에는 그런 믿음을 가질 만도 했다. 이처럼 의무 관념으로 강하게 결속된 상태에서는 안정적인 관계를 유지할 수 있고 끊임없이 절충과 타협을 하지 않아도 되므로 에너지를 쓸데없이 소모할 필요가 없다는 장점이 있다. 백년해로를 누구도 의심하지 않았던 시절에는 결혼 생활을 유지하기 위해 자나 깨나 노력한다는 건 웃기는 발상이었다. 그러나 가정을 화목하게 꾸려갈 의무가 가족 구성원 모두에게 에누리 없이 요구되는 요즘 사회에서는 가족 한 사람 한 사람이 정성을 기울이지 않으면 가정이라는 틀을 유지하기 어렵다.

새로운 형태의 가정은 구성원에게 본질적 보상을 안겨주지 못할 경우 급격히 허물어진다. 가정에서 몰입 경험을 할 수 있다면 가족 관계를 유지하는 것이 모두에게 이득이 된다. 그렇지만 워낙 당연시되어온 탓인지, 관심이라는 결속에 의존하는 낡은 유대를 버리고 즐거움으로 유지되는 새로운 유대로 탈바꿈시키는 요령을 배운 사람은 거의 찾아보기 어렵다. 직장 일을 마치고 집으로 돌아온 부모는 가족과 같이 있으면서 특별한 노력 없이도 즐거움과 편안함을 경험할 수 있기를 바라지만 오늘날 가족 관계에서 몰입 상태를 경험하기 위해서는 가정이라는 울타리 밖에서 이루어지는 복잡한 활동에서처럼 특별한 노력을 기울이지 않으면 안 된다.

캐나다 작가 로버트슨 데이비스는 54년 동안 이어져온 자신의 결혼 생활이 만족스러웠던 이유를 이렇게 말한다.

내 결혼 생활에서 무엇보다도 중요한 역할을 한 것은 셰익스피

어였다. 숱한 인용과 농담과 맞장구를 통해 우려먹을 대로 우려먹었지만 셰익스피어는 바닥이 보이지 않는 우물이었다. 부부 금실이 우리처럼 좋기도 어려운데 그 점에서 나는 행운아였다고 볼 수 있다. 내 결혼 생활은 흥미진진한 모험이었고 그 모험은 아직도 끝나지 않았다. 우리는 쉴 새 없이 대화를 나누었다. 나는 결혼 생활에서 섹스보다 더 중요한 게 대화라고 확신한다.

데이비스 부부의 경우 공동의 몰입 경험이 가능했던 것은 두 사람 모두 문학을 사랑했고 문학에 대한 이해가 깊었기 때문이다. 꼭 셰익스피어일 필요는 없으며 그 자리에 얼마든지 다른 것을 집어넣을 수 있다. 한 60대 부부는 같이 마라톤을 시작하면서 애정을 되살렸다. 여행을 하면서, 정원을 가꾸면서, 개를 키우면서 애정을 새롭게 확인한 부부도 있다. 서로에게 관심을 기울일 때, 혹은 같은 활동에 동참할 때 가정을 결속시키는 몰입의 경험도 그만큼 자주 할 수 있다.

부모가 된다는 것은 인생에서 가장 소중한 체험이라고 흔히들 말하지만 그런 값진 체험은 아이를 낳았다고 해서 저절로 굴러 들어오는 것이 아니다. 문제는 정성이다. 모성과 몰입 경험의 관계를 조사한 연구에서 마리아 앨리슨과 마거릿 칼라일 덩컨은 어머니가 육아에 정성을 쏟음으로써 얻는 즐거움을 많은 사례를 통해 소개하고 있다. 한 어머니는 자기가 몰입에 이르는 순간을 이렇게 묘사한다.

딸아이와 함께 공부할 때, 그 아이가 뭔가 새로운 걸 발견했을 때, 딸아이가 혼자 힘으로 새로운 쿠키 레시피를 알아냈을 때, 자기가 그린 그림이라며 나에게 자랑스럽게 내밀 때, 책을 무척 좋아하는 우리 애하고 책을 같이 읽을 때, 그 애가 나한테 읽어주고 나도 그 애한테 읽어줄 때, 그 순간만큼은 세상만사를 잊어버리고 내가 하는 일에 푹 빠져든다……

부모로서 그런 단순한 즐거움을 맛보기 위해서는 관심을 기울여야 하고, 아이가 어디에 자부심을 가지고 있는지, 무슨 일에 빠져 있는지를 알아야 한다. 그리고 그런 일을 아이와 같이 할 수 있도록 신경을 써야 한다. 같이 있는 시간이 정말로 즐겁기 위해서는 구성원의 목표가 조화를 이루어야 하며 모두가 공통의 목표에 정성을 쏟을 줄 알아야 한다.

이것은 반드시 가족만이 아니라 다른 유형의 인간관계에도 마찬가지로 적용된다. 내가 존중받고 있다는 느낌을 받으면 업무 만족도도 높아지게 마련이다. 반면 아무도 나의 목표에 관심을 갖지 않는다고 생각하면 업무에서 받는 스트레스는 견디기 어려울 정도가 된다. 동료 간에 암투가 벌어지고 상사나 부하 직원과 대화가 단절될 때 직장은 지옥으로 변한다. 대인 관계에서 마찰이 생기는 것도 따지고 보면 너무 자기중심적으로만 생각하고 다른 사람의 입장을 고려하지 않는 데서 비롯된다. 다른 사람에게 이득이 되도록 돕는 것이 사실은 자기에게도 가장 득이 된다는 평범한 진리를 깨닫지 못하고 인간관계를 파국으로 몰아가는 사람들을 보고 있노라면 참으로 안타까울 뿐이다.

미국의 기업 문화는 냉정하고 경쟁심으로 똘똘 뭉쳐 있으며 에고가 강한 사람을 영웅으로 떠받든다는 고정 관념이 널리 퍼져 있다. 불행하게도 그런 고정 관념을 뒤엎지 못하고 판에 박힌 행동을 하는 기업인들이 있다. 하지만 이기적이고 공격적인 자세가 반드시 성공을 가져다주지는 않는다는 것을 보여주는 사례가 많아 다소 안심이 된다. 사실 안정되어 있고 원만하게 굴러가는 기업일수록 최고경영자들은 승진에 혈안이 된 사람을 오히려 기피하는 경향이 있다. 최고 경영진에 그런 이기주의자들이 득시글거리는 회사는 결국 망한다는 사실을 잘 알고 있기 때문이다.

나는 10여 년 이상 승진만을 바라며 상급자의 눈에 들기 위해 죽도록 일해온 간부직 사원을 많이 만나보았는데 키스도 그런 사람 중 하나였다. 그는 일주일에 70여 시간을 일했다. 꼭 그럴 필요까지는 없다는 걸 본인도 알고 있었지만 아무튼 회사 일에 미쳐서 가정을 돌보지 않았고 자신의 개인적 성장을 도모할 수 있는 시간을 전혀 확보하지 못하고 살아왔다. 키스는 자신의 상품성을 높이기 위해서 모든 공로를 독차지하다시피 했다. 그 바람에 동료나 부하 직원이 상대적으로 무능한 인간으로 윗사람에게 비쳐도 그는 아랑곳하지 않았다. 하지만 그렇게 열과 성을 다 바쳤음에도 중요한 승진 고비에서는 번번이 밀려났다. 더이상 승진할 가능성이 없다고 판단한 키스는 다른 데서 보상을 얻기로 결심했다. 가족과 시간을 많이 보내려고 했고 취미를 가졌으며 지역 활동에도 적극적으로 나섰다. 각박함에서 벗어나면서 업무도 한결 여유 있게 처리할 수 있었고 이기심도 줄어들었으며 객관적인 눈으로 사물을 바라보게 되었다. 실은 그것이야말로 리더로서 갖춰야 할 행동이었다. 리더는 개인적 이해관계보다는 조직 전체의 안위를 더 중시하는 사람이기 때문이다. 그러자 마침내 상급자가 그를 알아주기 시작했다. 키스는 야심을 버린 뒤 얼마 안 되어 고대하던 승진을 했다. 이런 예는 주위에서 드물지 않게 볼 수 있다. 리더십을 갖추었다는 인식을 심어주려면 나만이 아니라 다른 사람들의 목표도 배려할 줄 아는 지혜가 필요하다.

직장처럼 동질적인 집단에서 이루어지는 인간관계도 중요하지만 삶의 질은 직장 밖에서 숱하게 이루어지는 다른 사람들과의 만남에 의해서도 좌우된다. 그런 만남은 말처럼 쉬운 것이 아니다. 다른 사람과 만나서 이야기를 나누려면 어느 정도 정성을 쏟아야 한다. 그래도 자칫 잘못하면 무시당하거나 이용당하기 십상이다. 사회적 교제의 형태는 문화마다 다르게 나타난다. 친족관계가 사회적 질서의 중심축으로 자리 잡은 사회에서는 시누이하고는 농담을 할 수 있어도 시어머니와는 우스갯소리를 할 수 없다. 고대 중국처럼 위계질서가 갖추어진 전통 사회에서는 인사는 어떻게 하고 대화는 어떻게 나누어야 한다는 규정이 관행으로 자리 잡고 있어서 사람들은 무슨 말을 어떻게 해야 할지 고민하는 데 아까운 시간을 낭비하지 않고 의사소통을 나눌 수 있었다. 미국인들은 유동성이 강한 민주적 사회에 걸맞게 스스럼없이 대화하는 형식을 발전시켜왔다. 그러나 아프리카 부족 사회에도 원칙이 있는 것처럼 허물없이 나누는 대화에서도 따라야 할 원칙이 있다. 다른 사람과 이야기를 나누면서 무언가를 얻으려면 지식이든 감정이든 새로운 것을 배우지 않으면 안 된다. 쌍방이 대화에 주의를 기울여야 하고 그러자면 내키지 않더라도 자연히 정신적 에너지를 투입해야 한다. 대화에 정말로 몰입하는 순간이야말로 가장 드높은 존재가 된다.

대화를 유익하게 나누는 비결은 따로 없다. 먼저 상대방의 목표가 무엇인지를 알아야 한다. 지금 이 순간 상대의 관심은 어디에 가 있는가? 무엇에 빠져 있는가? 무엇을 성취했고 무엇을 앞으로 성취하려고 하는가? 이런 점들을 따져보고 따라갈 만한 가치가 있다고 판단되면 자신의 경험과 지식을 동원하여 상대방이 던지는 화제에 호응해야 한다. 대화의 주도권을 쥐겠다고 나서서는 안 되며 같이 움직여야 한다. 좋은 대화는 즉흥적으로 이루어지는 재즈 연주와도 같다. 처음에는 원래 악보대로 연주하지만 점차 임의로 변주하면서 기가 막힌 새 작품이 탄생하는 것이다.

일과 인간관계에서 몰입을 경험하는 사람의 삶은 질이 올라갈 수밖에 없다. 여기에는 특별한 묘책도 없고 손쉬운 지름길도 없다. 자기한테 찾아온 기회를 함부로 내버리지 않고 잠재력을 끝까지 살리려고 노력하면서 삶을 풍부한 경험으로 가득 채우려는 사람만이 드높은 삶의 경지에 올라설 수 있다. 그러려면 나 자신의 성격을 어떻게 가다듬어야 할까? 바로 그것이 다음 장의 주제다.

# 8
## 자기목적성을 가진 사람

다른 조건들이 동일하다면, 복잡한 몰입 활동으로 가득 찬 삶은 수동적 오락에만 몰두하는 삶보다 가치 있는 삶이다. 한 여성은 일이 자기에게 어떤 의미를 갖는지를 이렇게 설명한다. "내가 하는 일에 완전히 빨려 들어가서 그걸 즐기는 동안은 다른 걸 하고 싶은 생각이 눈곱만큼도 들지 않는다. 그런 경험이 없는 사람은 성공하기 어렵지 않을까." 아니면 미국 남부인의 심리적 역학 구조를 이해하는 데 심혈을 바쳐온 역사학자 반 우드워드의 말을 들어보자.

흥미롭지 않은가. 그것은 내 만족의 원천이다. 중요하다고 생각하는 어떤 일을 이루어내는 것. 그런 의식이랄까 의욕이 없으면 인생은 무료하고 허망할 것 같다. 난 그런 식으로 살아갈 자신이 없다. 가치 있다고 느낄 만한 일을 아무것도 하지 않고 노는 것만 밝히는 그런 인생을 나는 죽기보다 싫어한다.

우리는 그렇게 열정을 가지고 적극적으로 삶에 뛰어드는 사람의 성격을 자기목적성으로 충만해 있다고 말한다.

자기목적성을 뜻하는 영어 'autotelic'은 그리스어 'auto(자기)'와 'telos(목적)'가 결합한 말이다. 그 일 자체가 좋아서 할 때 그 일을 경험하는 것 자체가 목적이 될 때를 우리는 자기목적적이라고 한다. 가령 그저 놀이 자체가 좋아서 두는 체스는 나에게 자기목적적 경험이 되겠지만 만일 내가 돈을 걸고 체스를 두거나 그 세계에서 순위에 오르기 위해 체스를 둔다면 똑같이 두는 체스라도 자기 외부의 목적을 실현하려는 행위가 되어 외재적 목적성을 강하게 띨 수밖에 없다. 외부의 다른 목적을 달성하려는 의도보다는 일 자체가 좋아서 하는 사람이 자기목적성을 가지고 있다고 말할 수 있다.

물론 모든 일에 자기목적성을 가지고 임하는 사람은 없다. 사람은 누구나 의무감에서건 혹은 필요에 의해서건 내키지 않아도 해야 하는 일이 있다. 그러나 정도의 차이는 무시하지 못한다. 무슨 일을 하더라도 그 일이 하등의 가치가 없다고 생각하는 사람이 있는가 하면 자기가 하는 일은 대부분이 중요하고 그 자체로 의미가 있다고 굳게 믿는 사람이 있다. 자기목적성이라는 말은 물론 후자에 속하는 사람을 가리킨다.

자기목적성을 가진 사람은 원하는 일을 하는 것 자체가 이미 보상이 되기에 물질적 수혜라든가 재미, 쾌감, 권력, 명예 같은 별도의 보상이 필요하지 않다. 일에서, 가정생활에서, 남들과 어울리면서, 먹으면서, 심지어는 아무것도 하지 않고 혼자 있을 때도 몰입을 경험하므로 외부적 보상이 없어도 무방하다. 이런 사람은 더 자율적이고 독립적이다. 외부 보상이나 위협에 쉽사리 농락당하지 않기 때문이다. 그러면서도 자기를 둘러싼 모든 것에 관여한다. 삶의 흐름에 깊숙이 빠져들 줄 안다는 소리다.

어떤 사람이 자기목적성을 가진 인간형인지를 어떻게 알 수 있을까? 가장 좋은 방법은 장기간에 걸쳐 다양한 상황 속에서 그가 어떻게 처신하는지를 관찰하는 것이다. 심리학자들이 애용하는 단기 '테스트'가 바람직하지 못한 것은 몰입이 워낙 주관적인 경험이라서 거짓 반응을 보일 수 있기 때문이다. 시간을 오래 들여서 하는 인터뷰나 설문 조사도 도움은 되겠지만 나는 그것보다는 간접적인 방법을 선호한다. 이론에 따르면 사람은 주어진 상황에서 과제의 난이도가 높고 그것을 해결할 수 있는 실력이 있을 때 몰입을 경험하게 된다. 그러므로 어떤 사람이 자기목적성을 가지고 있는가를 알아보는 방법으로 가령 일주일 동안 ESM을 통해 그 사람이 그런 상황에 얼마나 자주 직면하는가를 계량적으로 확인해보면 좋을 것이다. 어떤 사람은 70퍼센트 이상 그런 상황에 있다고 보고한 반면 어떤 사람은 그 수치가 10퍼센트를 밑돌기도 했다. 물론 전자가 후자보다 더 자기목적성이 강한 유형이라는 것이 우리 판단이다.

이 방법을 쓰면 자기목적적인 경험을 자주 하는 사람과 그런 상태를 좀처럼 경험하지 못하는 사람이 어떤 점에서 다른지를

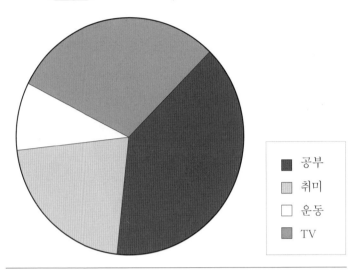

**그림 4-1** 자기목적성이 있는 10대의 활동 시간 비율

- 공부
- 취미
- 운동
- TV

출처 : 애들라이 게일(1994) 참고.

알 수 있다는 장점이 있다. 예컨대 한 실험에서 우리는 아주 똑똑한 200명의 청소년을 골라서 두 집단으로 나누었다. 자기목적성이 있는 상위 50명의 집단은 고난도의 과제를 해결할 수 있는 실력이 자신에게 있다고 믿었고, 자기목적성이 없는 하위 50명의 집단은 그와는 정반대되는 성향을 가졌다. 우리가 알고 싶었던 것은 이 두 집단의 청소년들이 시간을 어떤 식으로 보내는가 하는 점이었다. 두 집단의 가장 두드러진 차이점은 '그림 4-1'과 '그림 4-2'에 나와 있다. 자기목적성이 있는 집단에 속한 청소년은 평균적으로 깨어 있는 시간의 11퍼센트를 공부에 투자했다. 이 비율은 다른 집단에 속한 청소년보다 5퍼센트 높은 수치였다. 1퍼센트는 약 한 시간에 해당하므로 전자가 일주일에 열한 시

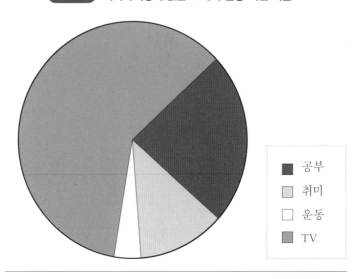

**그림 4-2** 자기목적성이 없는 10대의 활동 시간 비율

- 공부
- 취미
- 운동
- TV

출처 : 애들라이 게일(1994) 참고.

간을 공부했다면 후자는 여섯 시간밖에 공부하지 않았다는 뜻
이다.

두 집단은 취미에서도 확연히 달랐다. 취미 활동에 들이는 시
간은 전자와 후자가 6퍼센트 대 3.5퍼센트, 운동에 쏟아붓는
시간은 2.5퍼센트 대 1퍼센트였다. 후자가 유일하게 더 많은 시
간을 투자하는 쪽은 TV 시청이었다. 자기목적성이 없는 집단
은 TV를 보는 시간이 15.2퍼센트로 자기목적성이 있는 집단의
8.5퍼센트보다 두 배나 많았다. 자기목적성이 강한 202명의 청소
년과 그렇지 못한 202명의 청소년을 비교한 또 다른 연구에서도
아주 비슷한 결과가 나왔다. 자기목적성을 특징짓는 가장 중요
한 변수가 바로 시간을 보내는 방법이다. 수동적으로 여가와 오

락을 즐기는 사람은 자신의 실력을 연마할 수 있는 기회를 별로
얻지 못한다. 사람은 몰입을 낳기에 좋은 활동, 곧 정신노동이나
능동적 여가 활동을 할 때 비로소 몰입을 경험한다.

자기목적성이 강한 청소년은 자기목적성이 약한 청소년보다
경험의 질도 우수한가? 자기목적성의 정의 자체가 고난도의 과
제를 함축하고 있으므로 자기목적성이 강한 청소년일수록 어려
운 일을 떠맡게 되는 것은 당연하다. 문제는 몰입 상황에 자주
빠졌을 때 실제로 주관적 경험을 끌어올리느냐 하는 것이다. 답

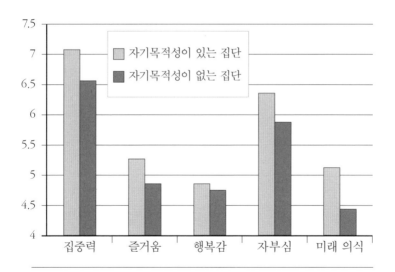

**그림 5-1** 생산 활동에 참여한 자기목적성이 있는
202명의 청소년과 자기목적성이 없는 202명의 청소년을
일주일 동안 ESM 방식으로 추적하여 알아낸 경험의 질

출처 : 헥트너(1996) 참고.

이 그렇다는 것이다. 이 결과를 나타낸 것이 그림 '5-1'인데, 이것은 미국의 고등학생 가운데 자기목적성이 있는 집단과 자기목적성이 없는 집단을 각각 202명 선정해 공부할 때와 아르바이트할 때 나타낸 반응을 일주일에 걸쳐 추적 집계한 것이다. 결과를 보면, 전자는 생산 활동을 할 때 집중력이 상당히 올라가고 자부심도 눈에 띄게 강해지며 지금 자기가 하는 일이 앞으로 살아가는 데도 무척 중요할 거라고 생각하는 비율이 높다. 그러나 행복감이나 즐거움에서는 두 집단 사이에 의미 있는 차이가 별로 나

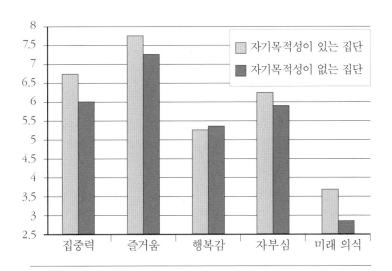

**그림 5-2** 여가 활동에 참여한 자기목적성이 있는 202명의 청소년과 자기목적성이 없는 202명의 청소년을 일주일 동안 ESM 방식으로 추적하여 알아낸 경험의 질

출처 : 헥트너(1996)와 비드웰(1997) 등 참고.

타나지 않았다.

적극적으로 여가 활동을 한다면 경험의 질이 어떻게 달라질까? '그림 5-2'는 그 차이를 보여준다. 너무나 당연하지만 청소년들은 자기목적성이 있든 없든 생산적 활동을 할 때보다는 여가 활동을 할 때 더 즐거워하고 행복해한다. 그러나 집중력은 떨어지는 편이어서 여가 활동이 미래 목표를 이루는 데 별로 도움이 되지 않을 거라고 생각한다. 두 집단을 비교해보면 행복감을 제외하고는 다른 모든 항목에서 의미 있는 차이가 나타난다. 자기목적성이 있는 청소년들은 집중을 더 잘하고 즐거움도 많이 느끼며 자긍심도 높고 자기가 하는 일이 미래의 목표 달성과 관계 있다고 생각하는 편이다. 모두 우리가 익히 예상할 수 있는 내용이지만 이해 못 할 사실이 하나 있다. 왜 그들은 더 행복해지지 않을까?

ESM 방식으로 수십 년 동안 연구해오면서 나는 본인의 입으로 털어놓는 행복감은 그 사람의 삶의 질을 썩 잘 반영하지는 않는다는 사실을 알게 되었다. 어떤 사람은 직장 생활에 넌더리를 내고 가정생활도 화목하지 않으며 무의미한 일에만 시간을 온통 쏟아붓다시피 하면서도 입으로는 행복하다고 말한다. 사람은 원래 어두운 걸 싫어하는 동물이라서 아무리 어려운 처지에 놓여 있어도 슬픈 감정에 빠져들지 않는 요령을 웬만큼 터득하고 있다고 혹자는 말하기도 한다. 행복하다는 말이라도 할 수 없다면 무슨 낙으로 살아가겠느냐는 것이다. 자기목적성을 가진 사람이 반드시 더 행복한 건 아니지만 아무튼 복잡한 활동을 하고 있으므로 자신에 대한 만족감은 그만큼 클 수밖에 없다. 행복을 느낀다고 해서 반드시 훌륭한 삶이라고 말할 수는 없다. 중요한 것은 우리의 실력을 높이고 우리의 가능성을 채워 우리를 성장시키면서 행복을 맛보는 일이다. 자라나는 세대에게는 이 점이 특히 중요하다. 무위도식하면서 행복하다고 말하는 청소년이 어른이 되어서도 진정으로 행복한 삶을 누리리라고는 기대하기 어렵다.

또 하나 흥미로운 사실은 자기목적성을 가진 집단이 그렇지 않은 집단보다 가족과 지내는 시간이 유달리 많다는 점이다. 그들은 일주일에 평균 네 시간을 더 가족과 함께 보낸다. 그들이 어째서 즐거움을 만끽하는 요령을 더 많이 터득하고 있는지에 대한 궁금증이 여기서 슬슬 풀리기 시작한다. 가정이라는 보호막 안에서 아이는 구태여 자의식을 느낄 필요도 없고 방어 의식이나 경쟁심을 느낄 이유도 없이 편안하게 이런저런 실험을 할 수 있는 것이다. 미국 사회는 가급적 일찍부터 독립심을 키워주는 것을 교육의 지상 과제로 삼고 있다. 여기엔 부모 품에서 정서적으로건 물질적으로건 빨리 벗어날수록 그만큼 더 빨리 성숙할 수 있다는 전제가 깔려 있다. 그러나 조숙하다는 건 별 의미가 없다. 너무 일찍부터 독립된 생활을 꾸려나가야 하는 젊은이는 그만큼 심리가 불안하고 방어 의식에 젖기 쉽다. 성인으로서 살아가야 하는 인생살이가 복잡하면 할수록 청소년은 거기에 대비할 수 있도록 가정에 의존하는 시간을 더 많이 가져야 한다는 반론이 오히려 설득력을 가진다. 물론 그 가정이 보호막과 함께 적절한 자극도 주는 상당히 정교한 구조를 가지고 있어야만 이러한 '사회적 미숙' 기간이 아이에게 도움이 될 수 있을 것이다. 문제가 있는 가정에 아무리 오래 기대봤자 아이에게 무슨 큰 도움이 되겠는가.

자기목적성을 가진 사람들에게서 공통적으로 발견되는 특징이 있다. 지칠 줄 모르는 에너지를 가지고 있다는 점이다. 남들보다 마음의 여유가 많은 건 아닐 터인데도, 그들은 주위에서 일어나는 일에 더 많은 관심을 기울이고 남들보다 더 많은 걸 알아차리며 눈앞의 이익을 생각하지 않고 자기가 그저 좋아서 하는 일에 많은 시간을 투자한다. 사람들은 보통 자기의 관심을 아껴두었다가 심각한 일, 중요한 일에만 조금씩 배당한다. 나를 풍요롭게 만드는 일에만 관심을 쏟는다. 내가 에너지를 쏟아부을 만한 가치가 있는 대상은 나 자신, 또 나에게 물질적, 정신적 도움을 약간이라도 줄 수 있는 주변 사람이나 일거리다. 나와 직접 관계없는 세상사에 관여하거나 새로운 현상에 호기심을 가지거나 타인에게 공감을 느끼거나 자기중심적 의식이 설정한 테두리를 뛰어넘는 데 마음 쓰는 것을 기대하기 어렵다.

자기목적성을 중시하는 사람은 나라는 울타리를 가볍게 뛰어넘어 삶 자체를 향유할 수 있는 정신적 여유를 가지고 있다. 내가 ESM 추적 방식으로 연구한 재능이 뛰어난 학생들 가운데 켈리라는 학생은 또래 친구들과는 달리 남자친구나 쇼핑에 별로 관심이 없고 시험 성적에도 연연하지 않았다. 그 대신 신화에 흠뻑 빠져들어 '켈트 신화학자'로 자처했다. 일주일에 사흘은 오후에 박물관에서 아르바이트를 하면서 유물을 간수하고 분류하는 일을 거들었다. 벽장 안에다 잡동사니를 쓸어넣는 아주 단순한 일도 켈리는 즐겁게 해치웠다. 항상 주변에서 일어나는 일에 호기심을 가지고 거기서 조금이라도 배우려고 애썼다. 가까운 친구들과는 종교나 앞으로의 진로를 놓고 진지한 토론도 곧잘 벌였다. 그렇다고 해서 켈리는 이타주의자도 아니었고 남 앞에 나서기 싫어하는 소극적 성격도 아니었다. 켈리는 자신의 독특한 개성을 솔직하게 드러냈고 자기가 좋아서 하는 일에 관심을 기울일 줄 아는 지혜를 가지고 있었다.

창조적인 사람은 대체로 자기목적성을 중요시한다. 획기적인 업적이 그들의 머리에서 나오는 이유는 대수롭지 않아 보이는 일에도 에너지를 쏟을 수 있는 마음의 여유를 가지고 있기 때문이다. 생리심리학자인 브렌다 밀러는 자기 분야에서 누구보다도 두각을 나타내는 과학자나 예술가 특유의 작업 태도를 이렇게 설명한다. "무엇이 중요하고 위대한 발견인가에 대해 나는 비교적 편견이 없는 편이라고 말하고 싶다. 아무리 사소한 발견이라도 발견을 하는 순간엔 몹시 가슴이 뛴다."

역사학자 나탈리 데이비스에게는 연구 주제를 고르는 나름의 기준이 있다. "어떤 문제는 정말이지 알고 싶어 견딜 수가 없다. 갈고리에 푹 꿰였다고나 할까……. 그럴 땐 다른 일은 눈에 통 안 들어온다. 나의 호기심과 희열을 충족시키는 것 말고는 다른 보상이 없지만 아무튼 거기에 모든 걸 쏟아붓는다."

제트 엔진과 뇌파 측정기를 발명한 프랭크 오프너는 여든한 살의 나이에 머리카락 세포의 생리 구조에 흥미를 가졌다. 하잘 것 없어 보이는 생명의 신비 하나도 가볍게 넘기지 않고 그것을 이해하려고 겸허하게 노력하는 인간형을 여기서 만날 수 있다.

난 문제를 푸는 게 너무 좋다. 고장 난 식기세척기건 말을 안 듣는 자동차건 신경 구조건 간에 말이다. 지금은 머리카락 세포의 구조를 연구하고 있는데 아주 흥미진진하다. 나는 문제의 유형을 따지지 않는다. 문제를 푼다는 것 자체가 즐겁다. 문제를 푸는 것처럼 재미난 일이 또 있을까? 인생에서 이처럼 흥미진진한 일이 또 있을까?

마지막 인용문은 자기목적성을 중시하는 사람의 관심사가 수동적이거나 관조적인 것과는 거리가 멀다는 사실을 보여준다. 오히려 이해하려는 의지, 문제를 해결하려는 노력과 맞닿아 있다. 중요한 것은 이런 관심을 사심 없이 기울여야 한다는 것이다. 다시 말해서 본인의 이해관계에서 벗어나 있어야 한다는 뜻이다. 어떤 사람이 기울이는 관심의 내용이 당사자의 목표나 야심에서 어느 정도 벗어나 있을 때만 현실을 있는 그대로 포착할 기회를 잡게 된다.

어떤 사람은 아주 어렸을 때부터 유달리 호기심이 많았던 것 같다. 발명가 제이콥 래비노는 일곱 살 나던 해 중국의 한 지방 도시에서 처음으로 자동차를 보았던 모양이다. 그는 당장 차 밑으로 기어 들어가 엔진이 바퀴를 어떻게 굴리는지를 관찰한 다음 집에 가서 나무로 뚝딱뚝딱 차축과 기어를 만들었다. 라이너스 폴링도 어린 시절에 이미 범상치 않은 창조력을 보여주었다.

내가 처음으로 독서의 재미를 알게 된 것은 열한 살 때였다. 나는 책을 많이 읽었다. 막 아홉 살이 되었을 때 벌써 성경과 다윈의『종의 기원』을 읽었다. 열두 살 때는 고등학교 1학년 고대사 교과서가 너무 재미있어서 몇 주일 만에 독파해버리고 고대사 관련 서적들을 닥치는 대로 읽어나갔다. 곤충을 수집하고 곤충학 분야의 책을 읽기 시작한 건 열한 살 때부터였다. 열두 살 때부터는 광물을 모았다. 주변에서 볼 수 있는 광물이라야 마노밖에 없었지만 광물학 서적을 뒤져 책에 나오는 광물들의 속성, 색깔, 경도, 줄무늬 같은 것을 표로 정리했다. 그러다가 열세 살 때부터 화학에 본격적으로 관심을 가졌다. 화학자들이 특정 물질을 전혀 속성이 다른 물질로 변환시킨다는 걸 알고 얼마나 신기했는지 모른다. 수소와 산소가 만나서 물이 되고 나트륨과 염소가 결합하여 염화나트륨이 된다는 게 꿈처럼 들렸다. 같은 원소라도 어떻게 결합하느냐에 따라서 전혀 다른 복합물이 만들어졌다. 그 후로 나는 화학을 이해하는 데 전심전력을 기울였다. 그것은 세계를 이해하는 길이었고 우주의 본질을 이해하는 길이었다.

폴링은 어른들을 깜짝 놀라게 할 만큼 특출한 머리를 가진 신동이 아니었다는 사실을 여기서 분명히 짚고 넘어갈 필요가 있다. 폴링은 별로 알아주는 사람도 없고 도와주는 사람도 없었지만 스스로 자기 미래를 개척했다. 그를 창조의 세계로 이끈 힘은 자기 주변에서 벌어지는 일에 철저히 몰입할 줄 알았던 능력이었다. 맑은 공기를 원하는 시민의 모임 같은 환경 보호 단체를 조직하는 데 일평생을 바쳐온 헤이즐 핸더슨 같은 활동가는 환경 운동가들이 공유하는 풍부한 호기심을 이렇게 생생하게 묘사한다.

다섯 살 무렵인가, 잠에서 막 깨어나 주위를 둘러보았을 때 입에서 이런 말이 저절로 새어나왔다. "야, 참 근사한 세상이다. 이 세상은 어떻게 돌아가는 거지? 난 여기서 무슨 일을 해야 하는 거지?" 난 평생 그런 질문을 던지면서 살아왔다. 난 그럴 때가 좋다. 하루하루가 새로워진다. 매일 아침 눈을 뜨는 순간이 나에게는 창조의 새벽이었다.

그러나 폴링이나 핸더슨처럼 마음의 여유를 가진 행복한 사람은 많지 않다. 생활에 부대끼다 보면 우리 같은 평범한 사람들은 당면한 목표를 이루는 데 하등의 도움이 되지 않는 우주의 본질이나 우주 안에서 인간이 차지하는 위치 등의 문제에는 신경을 쏟을 겨를이 없다. 하지만 관심을 사심 없이 기울일 줄 모르는 사람의 삶은 얼마나 삭막한가. 그런 사람은 경이를 느낄 줄도 모르고 놀랄 줄도 모르고 감탄할 줄도 모르며, 인간의 공포와 편견이 정해놓은 울타리를 감히 벗어나려고 하지 않는다. 어렸을 때부터 호기심과 관심을 키우는 연습을 해오지 않은 사람은 지금이라도 늦지 않았으니 삶의 질을 끌어올리기 위해서는 이 점에 신경을 써야 한다.

말로 하기는 쉽지만 사실 그 원칙을 실천에 옮기기는 쉽지 않다. 그러나 시도할 만한 가치는 분명히 있다. 먼저 아무리 사소한 일일지라도 건성으로 임할 게 아니라 정신을 집중하여 처리하는 습관부터 몸에 익히도록 하자. 설거지, 옷 입기, 청소처럼 단순한 일도 충분한 정성을 기울이면 응분의 보상을 얻을 수 있다. 그다음에는 하기 싫은 일, 수동적 여가에 들였던 시간과 관심을 끌어다가 보람은 있지만 적잖은 부담이 따라서 자주 하지 못했던 일에다 투자하자. 이 세상에는 볼 만한 것, 할 만한 것, 들을 만한 것이 얼마든지 널려 있다. 그러나 우리가 관심을 기울이지 않으면 그것들은 우리에게 정말로 흥미롭게 다가오지 않는다.

이런 말을 하면 어떤 사람은 세상 물정 모르는 순진한 소리라고 비웃는다. 지금 하는 일도 제대로 못하는데 어느 세월에 그런 한가한 놀음이나 하고 있겠는가 하고. 하기야 시간이 부족하다고 다들 아우성이다. 그러나 시간이 부족해 보이는 것은 사실은 자기 관리를 제대로 하지 못해서인 경우가 많다. 우리가 하는 일 중에서 우리에게 정말 꼭 필요한 일이 얼마나 될까? 우리의 관심을 흩뜨려놓는 판에 박힌 일들을 잘 추려서 우선순위를 매긴다면 지금처럼 시간이 없다는 아우성이 터져나올까? 빠져나가는 시간을 수수방관하는 사람에게는 당연히 늘 시간이 부족하다. 그러므로 우리에게는 시간을 잘 다스리는 지혜가 필요하다. 먼 훗날 재산을 불리고 안정을 누리기 위해서가 아니라 지금 이 순간에 삶을 즐기기 위해서라도.

삶을 그 자체로 즐길 수 있는 마음의 여유를 가지려면 시간이 있어야 한다. 그 못지않게 중요한 것이 마음을 통제하는 힘이다. 바깥에서 오는 자극이나 도전이 나의 관심을 앗아갈 때까지 기다리지 말고 스스로 먼저 관심을 기울이는 훈련을 해야 한다. 이렇게 하면 흥미도 자연스럽게 늘어나서 둘 사이에는 피드백 관계가 형성된다. 어떤 대상에 흥미를 가지면 당연히 관심도 더 쏟게 되고, 거꾸로 어떤 대상에 관심을 가지면 자연히 흥미도 높아지게 마련인 것이다.

우리가 어떤 대상에 흥미를 느끼는 건 그만큼 거기에 공을 들였기 때문이지 저절로 그렇게 되는 건 아니다. 벌레나 광물은 그것을 수집하지 않는 사람에게는 무용지물일 뿐이다. 사람도 마찬가지다. 우리가 어떤 사람의 생활이나 생각을 알지 못하면 그 사람은 스쳐 지나가는 남일 뿐이다. 마라톤, 암벽 등반, 카드놀이, 라신의 연극은 충분한 관심을 기울여 그 세계의 복잡하고 섬세한 구조를 터득한 사람에게만 지루하지 않게 다가온다. 현실 어디에 눈을 주더라도 우리의 육체적, 정신적, 정서적 행위를 촉발할 수 있는 잠재력을 가진 대상은 얼마든지 널려 있다. 지루하다는 넋두리는 절대로 먹혀들지 않는다.

관심을 다스릴 줄 안다는 것은 경험을 다스릴 줄 안다는 것이며 그것은 곧 삶의 질로 직결된다. 정보는 우리가 그것에 관심을 기울일 때만 우리에게 다가온다. 우리가 기울이는 관심은 바깥의 사건과 우리의 경험 사이에서 필터 구실을 한다. 얼마나 스트레스를 느끼느냐는 우리에게 실제로 일어난 사건보다는 우리가 관심을 다스리는 방식에 좌우된다. 신체적 고통, 경제적 손실, 사회적 고립의 파급 효과는 우리의 관심도에 따라 달라진다. 고통스러운 사건에 더 많은 관심을 기울이면 그것이 더욱 아프게 다가오며 우리의 의식은 그만큼 더 어수선해진다. 그런 사건을 부정하거나 왜곡한다고 해서 문제가 해결되는 것도 아니다. 문제의 사건에 대한 정보가 우리의 마음 한구석에 도사리고 있으면서 마음의 에너지가 다른 영역으로 뻗어나가지 못하게 길을 가로막기 때문이다. 고통을 정면으로 응시하여 그 현실성을 인정한 다음, 우리가 선택한 다른 대상으로 하루빨리 관심을 돌릴 때만 우리는 고통의 사슬에서 벗어날 수 있다.

질병이나 사고로 심각한 신체장애를 입은 사람들을 연구한 파우스토 마시미니 교수는 자신의 비극에 놀랄 만큼 잘 적응한 장애자가 의외로 많으며 장애를 입고 나서 삶이 더 풍요로워졌다고 응답하는 사람마저 있다는 사실을 알아냈다. 그런 사람의 특징은 마음을 초인적으로 잘 다스려 자신의 한계를 받아들이기로 결심했다는 점이다. 그들은 옷 입기, 산책, 운전 같은 아주 단순한 일을 할 때도 몰입을 할 줄 안다. 이런 단순한 일만이 아니라 엄청나게 힘든 일에 도전하여 성취해낸 이들도 있다. 어떤 사람은 수영 강사가 되었고 어떤 사람은 회계사가 되었으며 어떤 사람은 체스 선수가 되었고 어떤 사람은 휠체어에 앉아서 활을 쏘는 양궁 선수가 되었다.

비극적 상황을 그런 대로 견딜 만한 상황으로 바꿀 줄 아는 능력은 갇혀 지내던 감방이나 강제수용소에서 살아남은 이들에게서도 볼 수 있다. 그런 처지에 놓인 사람들은 바깥의 '현실' 상황이 워낙 비인간적이고 삭막해서 대부분 절망에 빠진다. 살아남은 사람들은 외부 상황을 선별하여 무시할 건 무시하고 자신의 유일한 현실인 내면으로 관심을 돌린다. 시나 수학 같은 상징 체계에 재능이 있는 사람들은 눈에 보이는 물질적 보조물 없이도 정신 작업에 집중할 수 있어서 한결 유리하다.

이런 사례들은 우리가 관심을 다스리기 위해 무엇을 배워야 하는지를 말해준다. 자신의 의지에 따라 기술이나 원리를 익히는 건 별로 어려울 게 없다. 명상과 기도를 할 수도 있고, 육체

활동을 즐기는 사람은 체조, 에어로빅, 격투기를 익힐 수도 있다. 즐거움을 주고 시간이 흐름에 따라 실력이 쌓이는 일이라면 무엇이든 관계없다. 그러나 중요한 건 우리의 태도다. 만약 어떤 사람이 성자가 되기 위해 기도를 하고 훌륭한 이두박근을 얻기 위해 운동을 한다면 활동의 의미는 반감된다. 활동 그 자체를 즐길 수 있어야 한다. 결과는 대수롭지 않으며 나의 관심을 다스리는 데서 희열을 맛보면 그만이라는 자세로 임해야 한다.

관심의 방향을 좌우하는 힘은 유전 명령과 사회 관습, 우리가 어릴 적에 익힌 버릇이다. 그러므로 우리가 무엇을 알게 되고 우리 의식에 어떤 정보가 들어올 것인가를 결정하는 주역은 나 자신이 아니다. 우리가 경험하는 내용의 대부분은 이미 오래전에 프로그래밍된 것이다. 우리는 봐야 하는 대로 보는 타성, 기억해야 하는 대로 기억하는 타성, 우리와는 다른 방식으로 신을 숭배하는 사람에 대해서나 박쥐나 국기에 대해서 느껴야 하는 대로 느끼는 타성에 젖어 있다. 인생과 죽음의 의미에 대해서 우리가 가지고 있는 생각도 그런 타성의 틀을 크게 벗어나지 못한다. 세월이 흐를수록 우리가 경험하는 것은 생물학과 문화가 정해놓은 교본을 점점 더 그대로 따라간다는 점이다. 삶의 지배권을 되찾을 수 있는 유일한 길은 우리 자신의 의지가 원하는 방향으로 마음을 기울이는 요령을 터득하는 것이다.

# 9

운명애

　우리의 바람과는 상관없이 삶은 우주에 흔적을 남긴다. 한 사람의 탄생은 사회라는 공간 속으로 물결을 일으킨다. 그 탄생은 부모, 짝, 친척, 친구에게 영향을 미친다. 성장하는 과정에서 우리가 하는 행동은 헤아릴 수 없이 많은 미세한 파문을 불러일으킨다. 그중에는 의도한 것도 있지만 대부분은 의도하지 않은 것이다. 소비자가 내리는 결정은 경제에 작은 변화를 낳고 정치적 결정은 국가의 앞날에 영향을 미친다. 어떤 사람의 따뜻한 행동 하나, 비열한 행동 하나는 그가 속한 공동체가 얼마나 인간적인 얼굴을 하고 있는가에 영향을 끼친다. 자기목적성이 뚜렷한 사람은 주변 사람들의 의식에서 무질서를 크게 줄인다. 많이 가지려 하고 자기 영토를 넓히는 데 혈안이 된 사람은 사회 전반을 무질서하게 만든다.

자신보다 더 위대하고 항구적인 무언가에 소속되어 있다는 느낌을 갖지 못한 사람은 진정으로 충실한 삶을 살아가지 못한다. 이것은 장구한 인류의 역사에서 인간의 삶에 의미를 가져다준 다채로운 종교들의 모습에서 우리가 공통적으로 내릴 수 있는 결론이다. 과학 기술이 가져온 놀라운 진보가 위세를 떨치는 시대라서 우리는 이 점을 간과하기가 쉽다. 미국을 비롯한 선진 산업 국가에서는 개인주의와 물질 만능주의가 공동체 의식과 정신적 가치를 완전히 압도하기에 이르렀다.

제2차 세계대전 이후로 무려 두 세대 동안 독특한 육아 이론으로 부모들에게 지대한 영향을 미친 벤저민 스포크 박사가 노년에 이르러 아이들을 철두철미 독립된 인격체로 키울 것을 강조한 자신의 예전 입장을 재검토하게 되었다는 사실은 자못 의미심장하게 다가온다. 스포크 박사는 이제 공동의 선을 위해 일하는 법을 가르치고 종교와 예술도 인생에 반드시 필요한 요소라는 사실을 자녀에게 제대로 가르쳐야 한다고 강조한다.

우리가 자신에게 너무 빠져 있다는 걸 알리는 위험 신호가 도처에서 울리고 있다. 가령 우리는 남들과 어울려 사는 일에 극도로 무능해졌다. 그 결과 선진국 도시 인구의 절반은 혼자서 살고 있고 치솟은 이혼율은 좀처럼 수그러들 줄 모른다. 여론 조사를 통해 거듭 확인되는 또 하나의 징후는 사람들이 전에 없이 제도를 불신하고 그 제도를 이끄는 자들에 대해 공공연히 적대감을 드러내고 있다는 점이다.

거북한 소리를 듣지 않으려고 머리를 모래더미에 푹 파묻고 자기만의 세계로 은둔하려는 경향이 갈수록 강해지고 있다. 그러나 소크라테스가 이미 갈파한 바 있고 최근까지 독재자 밑에서 모진 고생을 한 사람들이 공통적으로 지적하듯 썩은 사회를 등지고 초연하게 혼자 살아가기란 불가능하다. 자기 한 몸만 간수하면서 살아갈 수 있다면야 얼마나 편하겠는가. 불행하게도 세상은 사람을 편하게 놓아두지 않는다. 남들에게 적극적으로 책임감을 느끼고 우리가 속한 세상을 외면하지 않는 자세는 바람직한 삶에서 절대로 빼놓을 수 없는 요소다.

그런데 문제는 어떻게 자기의식을 흐트러뜨리지 않으면서 어수선한 주변 상황을 개선할 수 있느냐다. 불가에서는 그 비결을 이렇게 설명한다. "우주의 미래가 내 한 손에 달려 있다는 생각을 한시도 접지 말되, 내가 하는 일이 대단한 일이라는 생각이 고개를 들 때마다 그걸 비웃어라." 이처럼 진지한 유희의 정신이 살아 있고 근심과 겸손이 조화를 이루어야만 사람은 어딘가에 전념하면서도 무심함을 잃지 않을 수 있다. 이런 지혜를 익힌 사람은 반드시 이기지 않아도 만족감을 느낄 수 있다. 성패와는 무관하게 우주의 질서를 끌어올리려고 노력하는 시도 자체가 그에게는 보상으로 다가온다. 그런 사람만이 뻔히 질 줄 알면서도 선의를 위한 싸움에서 희열을 맛보게 된다.

막다른 골목에서 벗어나려면 우선 내가 누구인지를 정확히 파악해야 한다. 그런 자아상 없이는 멀리 나가지 못한다. 그러나 자아상에는 맹점이 있다. 어린 시절에 처음 모습을 드러내는 순간부터 이 자아상은 곧바로 의식 전체를 지배할 가능성이 높다는 점이다. 경직된 자아상에 자기를 비끄러맨 나머지 자아는 의식의 여러 내용 중에서 중요한 한 가지라는 인식에 머물지 않고, 관심을 기울일 만한 가치가 있는 유일한 대상이라고 여기는 사람이 적지 않다. 문제는 우리가 머릿속으로 지어낸 가공의 대상을 만족시키기 위해 온 에너지를 쏟아붓는다는 점이다. 사실 우리가 만든 자아가 합리성을 가지고 있다면 문제될 건 없다. 그러나 응석받이로 자란 아이들은 터무니없이 일방적이고 자기주장에 급급한 자아를 공고히 굳히면서 큰다. 사랑 없이 자란 아이들이 키우는 자아는 자기애로 빠져들기 십상이다. 고삐 풀린 탐욕의 노예가 되어버린 자아, 턱없이 과대망상증에 걸려든 자아가 엄연히 우리 현실 속에 존재한다. 그런 삐뚤어진 자아를 가진 사람은 자아의 욕구를 충족시키는 데 급급하면서 살아간다. 자아가 권력, 돈, 사랑, 모험을 요구한다 싶으면 그들은 궁극적으로 자기에게 무엇이 더 좋은지는 염두에 두지 않고 눈앞의 욕구를 만족시키기 위해 물불을 가리지 않는다. 이처럼 빗나간 자아의 요구에 에너지가 남는다면 의식만이 아니라 주변 상황까지 어지럽히게 마련이다.

자아 감각이 없는 동물은 생물학적 욕구가 어느 정도 충족되면 그 선에서 멈춘다. 먹잇감을 덮치고 영토를 지키고 짝짓기 싸움을 벌이지만 당장의 욕구가 충족되면 휴식을 취한다. 그러나 권력이나 재산에 뿌리를 둔 자아상을 발전시킨 인간은 끝없이 이익을 탐한다. 그 과정에서 본인의 건강이 상하고 다른 사람이 피해를 입게 되더라도 아랑곳하지 않고 자아가 설정한 목표를 무자비하게 추구한다.

세상의 많은 종교들이 인간 불행의 씨앗을 아집에서 보는 것은 바로 그런 이유에서다. 자아가 욕망 위에 군림하지 못하도록 자아를 중화시키라는 과격한 처방을 내리는 이들도 있다. 음식, 섹스, 그리고 인간이 그토록 갈망하는 헛된 욕구들을 잠재운다면 에고는 발언권을 얻지 못하고 결국 시들시들 사그라들고 말 거라는 것이다. 그러나 에고를 완전히 뿌리 뽑고도 목숨을 부지할 수 있을지는 의문이다. 그렇다면 좀 더 완화된 처방으로 대안을 찾을 수밖에 없다. 그것은 자아를 직시하고 자아의 미묘한 특성을 이해하는 길이다. 그래야만 인생을 살아가는 데 진정으로 도움이 되는 욕구와 우리의 삶을 초라하게 만드는 사악한 욕구를 구별할 수 있는 안목이 트인다.

이제까지 가장 어려운 장애물이 무엇이었느냐는 물음에 소설가 리처드 스턴은 이렇게 대답한다.

그것은 내 안의 쓰레기 같은 부분이라고 생각한다. 허영심, 자만심, 우월감, 비교 의식 같은 말로 묘사되는 부분이다. 나는 그런 부분을 다스리려고 무척 고생했다. 나보다 천성이 좋은 동료나 친구가 짜증과 원한의 감정을 이겨내지 못하는 모습을 자주 보았지만 그 점에서 나는 행운아였다. 내 안에 있는 긍정적 요소에 힘입어 그런 좋지 못한 감정을 극복할 수 있었기 때문이다. 나도 안 좋은 감정을 분명히 가지고 있지만 그걸 이겨내는 요령을 터득했다.

가장 큰 장애물은 나 자신이라고 다시 한 번 강조하고 싶다.

사람은 누구나 행복한 삶을 살아가길 원하지만 이때 가장 큰 걸림돌이 되는 것은 나 자신이다. 그러나 나 없이 살아갈 수는 없다. 따라서 율리시스처럼 우리도 자아가 불러일으키는 헛된 욕망에 현혹되지 않아야 하고 자아가 벗이 될 수 있으며 도움이 될 수 있고 충만한 삶의 단단한 반석이 될 수 있도록 애써야 한다. 스턴은 한 걸음 더 나아가 고삐 풀린 에고를 어떻게 다스려 창조적 작업에 이용할 수 있었는지를 설명한다.

물론 내 안에는 못되고 치졸하고 비뚤어지고 우유부단한 면이 수없이 도사리고 있지만, 난 거기서 힘을 끌어낸다. 난 그것들을 바꿀 수 있다. 그것들은 힘의 원천이 된다. 앞서 말한 것처럼 작가가 휘어잡을 수 있을 때 그것들은 작가의 재료가 된다.

자아의 '쓰레기 같은 부분'을 인간 조건의 심오한 통찰로 끌어올릴 수 있는 건 작가만이 아니다. 우리에게는 누구나 사랑받고 싶은 욕망이 있고 그 욕망에 휘둘리지 않으면서 건설적으로 활용할 수 있는 능력이 있다. 우리 내부에 깃든 어둠의 정체를 깨달았으면 그것을 더 이상 두려워해서는 안 된다. 그 어둠을 심각하게 받아들이지 말고 우리의 환상에서 비롯된 그 어둠의 오만무쌍함 앞에서 웃을 줄 아는 여유가 필요하다. 우리가 바라는 조건에 부합하지 않는 한 그 게걸스러운 욕망을 살려주어서는 안 된다. 그래야만 조금이라도 가치 있는 일을 성취할 수 있다.

말은 쉬워도 행동에 옮기기란 당연히 쉽지 않다. 그리스의 현자는 지금으로부터 벌써 3,000년 전에 "너 자신을 알라"는 가르침을 주었다. 이 문제를 깊이 성찰한 사람들은 행복한 삶의 첫걸음은 역시 나를 알고 다스릴 줄 아는 지혜에서 비롯된다고 한결 같이 말하고 있다. 그러나 자아에 대한 이해는 그동안 별로 발전하지 못한 듯하다. 자아의 힘을 소리 높여 극찬한 사람일수록 실은 탐욕과 야심에 휘둘렸음을 입증하는 예가 너무도 많다.

자기를 깨닫는 작업의 중요성은 금세기에 들어와 특히 프로이트의 정신분석학에서 강조되었다. 양차 대전 사이의 냉소적 시대 정신에 강하게 영향을 받은 정신분석학은 거창한 목표를 내세우지 않았다. 정신분석학은 자아에 대한 지식을 제공할 뿐 그 지식으로 무엇을 어떻게 하라고 강요하지 않았다. 정신분석학이 자아의 심오한 이해에 도달한 것은 사실이지만 자아가 전형적으로 걸려드는 덫의 일부분, 즉 가족 안의 삼각관계를 극복하는 과정에서 유발된 양심과 성욕의 억압만을 드러내는 데 그쳤을 뿐이다. 그러한 통찰이 중요하다는 건 부인하지 못할 사실이지만 정신분석학의 강령은 어린 시절의 상처만 쫓아내버리면 그다음에는 순탄한 삶이 전개되리라는 턱없이 단순한 기대를 사람들에게 불어넣는 결과를 낳았다. 유감스럽게도 자아는 정신분석학에서 말하는 것보다 훨씬 교활하고 복잡한데도 말이다.

심리 치료에서는 환자의 회상과, 숙련된 분석가가 그것을 듣고 환자의 과거 경험을 공유하는 작업을 중요시한다. 이 반성의 과정은 매우 유익하며 너 자신을 알라는 현자의 가르침에서도 크게 벗어나지 않는다. 문제는 이런 유형의 치료가 널리 퍼지면서 사람들이 자신의 과거를 돌아보고 반추하면 갈등은 저절로 해소되리라는 그릇된 믿음을 가지게 되었다는 사실이다. 우리는 렌즈를 통해 과거를 보지만 그 렌즈 자체가 우리가 안고 있는 문제로 인해 일그러져 있는 상황에서 어떻게 저절로 갈등이 해결

되겠는가. 회상을 통해 유익한 결과를 얻으려면 오랜 시간이 필요하며 노련한 분석가의 도움을 얻어야 한다.

더욱이 자기도취의 분위기가 지배하는 사회가 부추기는 과거 회상의 습관은 일을 더욱 꼬이게 만들기 쉽다. ESM 조사를 보면 자신의 과거를 회상할 때 사람들은 대체로 침울해진다. 아무런 준비 없이 과거를 회상하는 경우 그 사람의 의식에 처음 떠오르는 건 우울한 생각뿐이다. 몰입 순간에는 스스로를 잊게 되지만 무관심, 근심, 권태에 휩싸여 있을 때는 자아가 무대 중앙으로 나온다. 회상에도 노하우가 필요하다. 노하우 없이 무작정 문제만 되씹고 있어서는 갈등이 줄어들기는커녕 오히려 악화되기 십상이다.

일이 잘 풀리지 않을 때 상념의 무게 중심은 자기 쪽으로 기울게 마련이지만 그렇게 되면 현재의 불안이 과거를 채색하고 다시 그 고통스러운 기억이 현재를 더욱 암울하게 만드는 악순환의 고리가 형성된다. 이 고리를 깨부수는 한 가지 묘책은 좋은 일이 생겼을 때, 자기 기분이 상승세에 있을 때 삶을 반추하는 습관을 들이는 것이다. 이보다 더 좋은 방법도 있는데 그것은 보다 간접적으로 자아에 조화를 가져다주는 목표와 인간관계에 에너지를 쏟는 것이다.

몰입을 경험하기 위해서는 뚜렷한 목표를 가지는 게 좋다. 목표를 달성하는 게 중요해서라기보다는 목표가 없으면 한곳으로 정신을 집중하기가 어렵고 그만큼 산만해지기 쉽기 때문이다. 등반가가 정상에 오르겠다는 뚜렷한 목표를 내거는 이유는 꼭대기에 못 올라가서 환장을 했기 때문이 아니라 그런 목표가 있어야 등반에서 충실한 경험을 할 수 있기 때문이다. 정상이 없는 등반은 무의미한 발놀림에 지나지 않으며 사람을 불안과 무기력에서 헤어나오지 못하게 할 것이다.

자기가 세운 목표에 합당한 일을 하는 동안에는 설령 몰입은 경험하지 못하더라도 마음이 개운해진다는 걸 입증하는 예는 얼마든지 있다. 가령 친구들과 같이 지내는 시간은 무척 즐겁다. 죽이 잘 맞는 친구들과 있으면 더욱더 그렇다. 그러나 일을 해야 한다는 심적 부담이 있으면 아무리 가까운 친구들과 있어도 마음이 무겁다. 반면에 아무리 하기 싫은 일도 목표를 이루기 위해 반드시 거쳐야 할 관문이라는 생각이 들면 덜 괴롭다.

삶의 질을 끌어올리는 가장 손쉬운 길은 주인 의식을 가지고 행동하는 것이라는 평범한 진리를 우리는 여기서 다시 한 번 확인한다. 우리가 하는 일은 대부분 어쩔 수 없이 의무감 때문에 하는 일, 혹은 달리 하고 싶은 일이 없어서 하는 일이다. 너무나 많은 사람들이 그저 실 가는 대로 움직이는 꼭두각시처럼 느끼고 살아간다. 그런 입장에 놓이면 아까운 에너지를 탕진하고 있다는 생각이 저절로 든다. 해결책은 간단하다. 자진해서 원하는 일을 늘려야 한다. 무엇을 원한다는 사소한 마음의 움직임이 집중력을 높이고 의식을 명료하게 만들며 내면의 조화를 이루어 낸다.

살다 보면 해야 할 일과 해서는 안 될 일이 많이 있다. 회의에 참석하는 일, 쓰레기를 내다 버리는 일, 공과금을 내는 일, 아무리 면해보려고 잔머리를 굴려도 피치 못하게 해야 하는 일이 있다. 그러므로 우리는 선택해야 한다. 툴툴거리며 마지못해서 할 것인가 아니면 즐거운 마음으로 해치울 것인가. 둘 다 의무감에서 비롯된 행동이지만 후자가 더 긍정적인 경험을 낳는다. 청소처럼 누구나 하기 싫어하는 일도 가장 빠르고 효율적으로 해치운다는 목표를 정해놓고 하면 생각보다 고통스럽지 않다. 목표를 설정해놓으면 일하는 괴로움이 상당히 줄어든다.

자신의 선택을 받아들이는 태도는 니체 철학의 중심 개념이라 할 '운명애'에서 잘 드러난다. 충실한 삶을 살아가려면 어떤 자세가 필요한가를 논의하는 대목에서 니체는 이렇게 말한다. "운명애를 가진 사람은 위대하다는 게 나의 신조다. 운명애는 살아갈 날에서도 살아온 날에서도 달라지지 않기를, 아니, 영원히 달라지지 않기를 바라는 자세다. 불가피한 것을 견디는 데서 그치지 않고 그것을 사랑할 줄 아는 태도다." 또 이런 구절도 있다. "나는 피치 못할 일을 아름답게 받아들이는 법을 자꾸자꾸 배우고 싶다. 그럼 나도 세상을 아름답게 만드는 사람이 될 수 있을 테니까."

에이브러햄 매슬로의 연구도 비슷한 결론에 이르렀다. 임상적 관찰과 자기실현에 이르렀다고 여겨지는 사람들과의 면접을 통해 그는 성장의 과정이 절정감으로 귀결된다는 결론에 도달했다. 절정감은 자아와 환경의 일치를 뜻한다. 그것은 '내적 필요성'과 '외적 필요성', 혹은 '내가 원하는 것'과 '내가 안 하면 안 되는 것' 사이의 조화를 의미하기도 한다고 매슬로는 말한다. "그 경지에 이른 사람은 자유롭게 행복한 마음으로 자신의 운명을 흔쾌히 받아들인다. 그는 자신의 운명을 자기 의지대로 선택한다."

심리학자인 칼 로저스도 비슷한 생각이다. 그는 심신이 건강한 사람에 대하여 다음과 같이 말한다. "그는 내적 자극에 대해서건 외적 자극에 대해서건 가장 경제성이 높은 방향으로 행동 방침을 정하고 그쪽을 따르려고 한다. 그렇게 하는 것이 가장 깊은 만족감을 주기 때문이다." 로저스의 말은 이어진다. "심신이 건강한 사람은 확고하게 결정된 것을 자유 의지로, 자발적으로, 능동적으로 선택하고 추구할 때 가장 확실한 자유를 경험할 뿐 아니라 그것을 선용한다."

그러므로 니체와 매슬로의 말대로 운명애는 자의에 의한 것이든 타인에 의한 것이든 자기 행동의 주인 의식을 가지려는 자세에 다름 아니다. 진정한 희열과 인격의 성장은 무질서한 일상생활의 중압감에서 벗어날 때만이 기대할 수 있다.

우리가 하지 않으면 안 되는 일을 사랑할 줄 알 때 삶의 질이 높아진다고 한 니체의 말은 백번 옳다. 그러나 매슬로와 로저스가 들고 나온 '인본주의 심리학'에도 따지고 보면 한계점이 없지는 않다. 사회가 번영을 구가하고 평화로운 분위기가 지배하던 금세기 중엽에는 자아실현이 긍정적 결과를 낳는다는 대전제를 누구도 의심하지 않았다. 자아실현을 한답시고 세부 방법론을 따지거나 이런저런 목표들 사이의 우열을 논하는 것은 별 의미가 없었다. 중요한 것은 자기 나름의 길을 걸어간다는 것이었다. 낙관적 분위기가 사회 전반을 감싸고돌았고, 유일한 악덕은 자기의 잠재력을 실현하지 않는 데서 나온다는 믿음을 누구나 가지고 있었다.

그런데 사람들이 자신은 물론 남에게도 악영향을 미치는 활동을 차츰 즐겨하면서 문제가 싹텄다. 약탈과 파괴를 일삼는 청소년들은 차를 훔치거나 남의 집에 무단 침입하는 데서 쾌감을 느끼기 때문에 그런 짓을 하지 다른 이유는 없다. 군인들은 전선에서 기관총을 앞에 놓고 있을 때만큼 강한 몰입감을 느낄 때가 없다고 말한다. 물리학자인 로버트 오펜하이머는 원자폭탄을 개발하는 동안 자기가 풀어야 할 '매혹적 문제'를 시정 어린 글 속에 담았다. 아돌프 아이히만이 유대인을 강제수용소로 보내는 복잡한 수송 문제를 처리하면서 희열을 맛보았으리라는 건 여러 가지 정황으로 보아 틀림없는 사실이다. 이런 예들이 암시하는 윤리적 의미는 명확히 다르지만, 자기가 하는 일을 즐긴다고 해서 그 일을 해도 좋다는 논리는 성립되지 않는다는 걸 알 수 있다.

관심을 모으고 행동을 일으키는 몰입은 정신력의 원천이다. 다른 형태의 힘과 마찬가지로 정신력도 중립적 성격을 갖는다. 그것은 건설적인 목적으로도 파괴적인 목적으로도 사용될 수 있다. 불은 몸을 녹여 추위를 견디는 데도 쓰이지만 집을 태워 없애기도 한다. 전기와 원자력도 마찬가지다. 가용 에너지가 있다는 건 분명히 좋은 일이지만 에너지를 슬기롭게 쓰는 방법도 무척이나 중요하다. 같은 이치로 즐거움을 주는 목표를 찾아나서는 것만으로는 충분하지 않으며 세상 전체의 무질서를 줄일 수 있는 목표를 선택할 줄 알아야 한다.

그런 목표를 어디서 찾을 것인가? 인간 세상에 나타나는 무질서의 성격을 규정하는 것은 예로부터 종교의 몫이었다. 기독교에서는 이것을 '죄'로 보았다. 죄는 개인과 공동체, 또는 공동체의 가치를 훼손시키는 행동으로 나타났다. 사회가 도태당하지 않기 위해서는 사람들의 힘을 하나로 결집시킬 수 있는 긍정적 목표를 내걸 필요가 있었다. 사람들의 힘을 효과적으로 동원하기 위해 마련된 것이 모세, 모하메드 같은 특출한 인물의 예지, 환영, 말씀을 모은 선악의 판단 지침이었다. 이러한 목표들을 속세에서 통용되는 언어로 정당화하는 데는 한계가 있었다. 우리가 한 행위의 결과라는 것이 고작해야 이 세상에서 눈으로 확인할 수 있는 것이라면, 비난을 감수하는 한이 있더라도 쾌락과 물질적 이익을 최대한으로 추구하는 것이 남는 장사라는 것을 모를 바보는 없기 때문이다. 모든 사람이 자기 이익만 좇아서 행동한다면 공동체는 와해될 수밖에 없다. 그래서 모든 종교는 이기심에 눈먼 사람의 말로를 보여주는 시나리오를 준비해야 했다. 내세에서 비천한 동물로 태어난다든가 까맣게 잊힌다든가 지옥의 불길로 떨어진다든가 하는 이야기는 그렇게 해서 생겨났다.

오늘의 시대가 풀어야 할 가장 큰 숙제는 우리가 이 세계에 대하여 알고 있는 내용의 틀에서 벗어나지 않으면서도 초월성을 가진 목표들의 새로운 터전을 발굴하는 것이다. 즉 삶에 의미를 주는 새로운 신화를 만들어야 한다는 뜻이다. 그 신화는 고대의 신화들이 이미지와 비유와 사실을 통해 우리 선조에게 삶을 이해할 수 있는 길을 터주었던 것처럼 오늘의 우리가 현실을, 가까운 미래를 헤쳐나갈 수 있도록 이끌어야 한다. 고대인들이 신화를 진심으로 믿었던 것처럼 우리도 새로운 율법의 진실성을 의심하지 말아야 한다.

과거에는 예언자가 신화를 만들어 공동체의 믿음에 힘을 실었다. 초월적 존재가 어떤 행동을 요구하고 있으며 감각 너머에 있는 저 세상은 어떤 모습을 하고 있는지 예언자는 친숙한 비유로 설명하면서 사람들에게 겁을 주었다. 모든 것을 안다고 주장하는 예언자는 앞으로도 여전히 나타나겠지만 그 영향력은 예전보다 현저히 떨어질 것이다. 과학을 통해 물질적 과제를 해결하고 민주주의를 통해 정치적 갈등을 풀어가는 전통 속에서 살아온 사람들은 아무리 현란한 용어를 구사해도 개인의 입을 통해서 나오는 진리는 믿지 않으려는 경향이 강하다. 물론 개인숭배에 가까운 사교 집단은 지금도 찾아볼 수 있지만 건강한 회의 정신이 살아 있어서 그 집단이 위세를 부리도록 방치하지 않는다. 따라서 과학적 진리와 민주적 의사 결정의 상식선에서 벗어나지 않는 계시만이 우리에게 신뢰감을 줄 수 있다.

예언자를 무작정 기다리는 것보다는 과학자와 사상가가 꾸준히 쌓아올리고 있는 지식에서 바람직한 삶의 토대를 발견할 수 있지 않을까. 우주에 대해 이미 밝혀진 지식만으로도 우리는 어떤 행동이 복잡성과 질서를 높이고 어떤 행동이 파괴를 낳는지 너무나 잘 안다. 우리는 모든 생명체 상호 간의, 또 환경과의 긴밀한 유대 관계를 재발견하고 있다. 작용과 반작용이 맞물려 있다는 걸 새삼 깨닫고 있다. 질서와 에너지를 창조하기는 어려운 반면 무질서는 한순간에 도래한다는 걸 알았다. 만물은 긴밀하게 얽혀 있으므로 어떤 행동의 결과가 당장은 눈에 보이지 않아도 먼 곳에서 파급 효과를 낳는다는 걸 이해하게 되었다. 이것은 삶을 사려 깊게 관찰한 북아메리카 원주민, 불교, 조로아스터교가 이런저런 방식으로 아득한 옛날부터 이미 강조한 바 있는 가르침이다. 우리에게 이런 사실을 설득력 있는 언어로 체계적으로 표현하는 것이 오늘의 과학이 풀어야 할 숙제다.

그러나 현대 과학은 더욱 흥미로운 통찰력을 보여주고 있다. 가령 상대성 원리는 지난 2,000년 동안 세계를 지배해온 단일신 교리와 그것에 밀려났던, 더 분화되고 개성화된 다신교의 간극을 메우는 실마리를 제시할지 모른다. 다신교의 부작용은 무엇일까. 성령, 조물주, 악마, 신이 고유한 개성과 권한을 가지고 뿔뿔이 흩어져 있으면 그것을 믿는 사람들은 받들어야 할 대상이 많다 보니 그만큼 혼란에 휩싸이기 쉽고 주도권을 둘러싼 다툼도 심해진다는 점을 들 수 있다. 유대교에 모태를 두었건 기독교나 이슬람교에 뿌리를 두었건 단일신은 신자들의 의식을 강력한 통일성 아래 묶었고 그것은 다른 종교들을 압도하는 성과를 거두었다. 그러나 단일신의 문제점은 초월적 존재를 단 하나로 못 박음으로써 지나치게 독단으로 흐를 가능성이 높다는 것이다.

상대성 원리나 최근의 프랙털 기하학은 우리에게 많은 것을 시사한다. 같은 현실이지만 그것을 상이한 다발로 묶을 수 있다는 것이다. 즉, 관찰자의 시점, 보는 각도, 시간대, 렌즈의 배율에 따라서 동일한 밑바닥의 진리가 아주 판이한 모습으로 떠오른다는 사실이다. 어린 시절부터 우리에게 주입된 믿음과는 판이한 세계관이나 인생에 대한 발언을 이단으로 몰아붙여야 할 이유가 없는 것은 바로 그래서다. 현실의 밑바닥에서 진행되는 복잡한 과정은 국지적으로는 상이한 모습으로 나타나게 마련인 것이다.

수많은 가닥이 진화라는 하나의 과정으로 수렴된다. 기독교의 원리주의 세력은 다윈의 진화론을 위협으로 받아들였지만 과학자들은 아주 기나긴 시간의 단위로 보면 생태계와 생명의 구조가 점점 복잡해지는 쪽으로 나아간다는 사실에서 얄궂게도 종교의 가능성을 보았다. 거기서 혼돈이 지배하는 우주가 아니라 의미 있는 줄거리를 가진 우주를 감지했기 때문이다. 그 점을 가장 먼저 간파한 사람이 프랑스의 신부이며 고생물학자였던 테야르 드 샤르댕이다. 그는 『인간 현상(The Phenomenon of Man)』이라는 저서에서 수십억 년 전의 원자 알갱이로부터 마음과 정신이 이른바 오메가 포인트로 통합되기까지의 장대한 진화의 드라마를 서정적으로(다소 지나치다는 느낌마저 들 정도로) 그려냈다. 오메가 포인트는 샤르댕이 지어낸 말로서 영혼과 우주 안의 초월적 존재가 합일되는 점을 뜻한다.

대다수 과학자들은 샤르댕의 생각을 비웃었지만 C. H. 워딩턴, 줄리언 헉슬리, 디오도시어스 도브잔스키 같은 혁신적 사고를 가진 과학자들은 그것을 진지하게 받아들였다. 복잡성의 진화라는 신화는 사람들을 매료시킬 만큼 단단한 토대 위에 서 있었다. 가령 소아마비 백신을 만들었지만 자신은 과학자면서 동시에 예술가, 인문주의자라는 자부심에 차 있었던 조너스 설크는 만년을 전생이 어떻게 내세를 이해하는 열쇠가 될 수 있는지를 탐구하는 데 바쳤다. 그의 말을 들어보자.

뭐랄까, 나는 좀 더 근원적인 물음에…… 창조성 그 자체에 지속적으로 관심을 가졌다. 우리는 진화 과정의 산물이라는 게 내 생각이다. 창조적 진화라고 해도 좋다. 이제 우리는 과정 자체가, 아니 과정의 일부가 되었다. 그런 관점에서 보니까 우주적 진화가 새삼 다가왔다. 우주적 진화를 크게 나누자면 먼저 내가 소위 전(前)

생물학적 진화라고 부르는 물리적, 화학적 진화가 있고, 그다음에 생물학적 진화, 그리고 뇌와 정신의 메타 생물학적 진화가 있다. 여기에다 덧붙이고 싶은 것이 이른바 신학적 진화, 즉 목적을 가진 진화다. 내 목표는 진화와 창조성을 목적론적 관점에서 이해하는 것이라고 보아도 무방하리라.

이제 막 윤곽이 드러나는 지평선을 넘어서 그 배후의 전체상을 일거에 파악하려는 것은 좀 섣부를지도 모른다. 그러나 작가와 과학자들은 가까운 미래에 현실화될 세계상을 짜 맞추느라 오늘도 부심하고 있다. 개중에는 좀 황당한 느낌을 주어서 상상의 영역에만 머물러 있는 것처럼 보이는 내용도 있다. 가령 소설가 마들렌 랑글은 인체의 세포 안에서 벌어지는 일이 사람들 사이에서 전개되는 역사적 투쟁과 평행선을 달리며 이것이 다시 초자연적 존재들 사이의 우주적 갈등을 반영한다는 줄거리로 아동용 장편소설을 썼다. 이 소설가는 자기가 쓰는 SF소설이 어떤 윤리적 의미를 갖는지를 뼈저리게 인식하고 있다. 그래서 소설 속에 등장하는 인물들이 아무리 고생을 하고 악의 힘에 휘말려들기 일보 직전에 있어도 독자를 절망에 빠뜨리지는 않는다. "희망을 품을 수 있도록 주인공을 살려내야 한다. 난 희망이 담겨 있지 않은 책을 좋아하지 않는다. 읽고 나면 '인생은 살아봤자다'라는 느낌이 드는 그런 책 말이다. 힘겹긴 하지만 그래도 인생은 견딜 만하며 결국엔 보람이 있다는 확신을 갖게 만드는 그런 책을 쓰고 싶다."

금세기의 가장 뛰어난 물리학자로 몇 손가락 안에 꼽히는 존

아치볼드 휠러는 우리와는 무관하게 외부에 객관적으로 존재하는 것처럼 보이는 물질세계가 사실은 얼마나 우리의 적극적 개입 덕분에 존립할 수 있는가를 규명하는 데 전력을 기울이고 있다. 저명한 소아과 의사인 벤저민 스포크 박사는 우리의 시대적 상황에 맞는 언어로 정신적 발전에 관한 자신의 이론을 재정립하려고 노력 중이다. 그리고 경제학자이며 사회운동가인 헤이즐 핸더슨처럼 면면히 이어지는 생명의 흐름을 그때그때 집약하는 것으로 자신의 정체성을 규정하는 독특한 철학의 소유자도 있다.

내 마음 한구석에서 느끼는 나의 모습은 외계인이다. 나는 지구를 잠시 방문하러 왔다. 사람의 형상을 하고 있을 뿐이다. 인간이라는 종에 유독 마음이 끌리기 때문이다. 그래서 인간의 육체를 빌린 것이다. 그러나 내 안에는 무한성이 있다. 나에게는 이것들이 너무나 친숙한 관념이다. 경박해 보일지 모르지만 이것이 내 나름의 수행이오, 전진이니 어쩌겠는가.

육신의 부활, 외계인 납치, 초감각 지각을 연상시키는 이런 해괴망측한 주장에 과거의 미신으로 돌아가자는 소리냐고 흥분할 사람들도 필시 있을 것이다. 그러나 이런 믿음을 문자 그대로 신봉하는 뉴에이지 계열의 사람들과 지금 내가 거론한 사람들은 분명히 다르다. 이들은 믿음은 가지만 언어로 표현할 길이 없는 근본적 현실에 조금이라도 다가서기 위해서 비유적으로 말하고 있을 뿐이다. 다른 사람은 몰라도 이들은 자신의 주장을 절대 액면 그대로 받아들이지는 않을 거라고 나는 자신한다. 자신들이 알고 있는 지식 자체가 진화 과정에 있으며 몇 년이 지나면 그것은 전혀 다른 언어로 표현되어야 하리란 걸 너무도 잘 아는 사람들이기 때문이다.

진화는 과거와의 연속선에서 미래를 볼 수 있게 해주지만 의미 있고 만족스러운 삶의 길을 보장해주는 것은 아니다. 확실히 기존 종교들이 인간의 의식에 그토록 막강한 힘을 발휘할 수 있었던 건, 예컨대 하느님은 당신의 모습대로 우리 인간을 창조했다는 주장과 함께 수많은 화가들이 하느님을 자애로운 아버지로 묘사한 데서 엿볼 수 있듯이 종교가 우주적 힘을 인격화한 데 크게 힘입었다. 이보다 더 중요한 것은 종교가 개개인의 삶에 위엄을 부여하고 영생을 약속했다는 점이다. 종교가 강한 흡인력을 갖는 것은 그 때문이다. 반면 우리가 현재까지 이해하고 있는 진화는 통계적으로 다수를 대상으로 진행되는 과정이며 거기에 개인이 끼어들 여지는 별로 없다. 그것은 목적이나 자유 의지가 아니라 우연과 필연이 지배하는 과정이다. 그러니 진화를 염두에 두면서 삶을 뜯어고쳐야 한다는 구호가 사람들에게 통했을 리 없다.

하지만 과학이 알아낸 사실을 통해 우리도 개인적으로 희망을 가질 수 있는 건 아닐까. 먼저, 과학은 우리 한 사람 한 사람이 얼마나 고유한 생명체인가를 절절히 깨닫게 한다. 유전자 암호의 성분들이 결합하여 매번 신체적, 정신적 특성이 다른 인간을 만들어내는 그 특이성은 차치하고라도 이 구체적 생명체가 출현하는 시간과 공간의 일회성을 보아도 그렇다. 한 개체는 물리적, 사회적, 문화적 맥락 안에서만 개인이 될 수 있으며 우리가 언제 어디서 태어나는가 하는 것은 그 누구와도 공유할 수 없는 삶의 유일무이한 좌표를 만들어낸다.

우리가 누구인가 하는 것은 유전 명령과 사회적 관계에 의해 결정되는 측면이 있지만, 한편으로 우리는 자유라는 관념을 고안했으므로 우리가 일부분으로 살고 있는 전체 네트워크의 미래를 결정하는 선택을 할 수 있다. 어떤 화장품을 쓰느냐가 미래에 우리가 어떤 공기를 마시고 살아갈지를 결정하고, 교사들과 얼마나 오랜 시간 대화하느냐가 아이들의 학습 내용에 영향을 미치고, 우리가 어떤 프로그램을 시청하느냐가 상업 방송의 성격을 바꾸어놓을 것이다.

현대 과학이 알아낸 물질과 에너지의 성격은 선과 악을 이해하는 새로운 가능성을 열어준다. 인간 사회에서 나타나는 '악'은 물질계에서 나타나는 엔트로피에 비유할 수 있다. 우리는 한 사람의 영혼이나 공동체를 어지럽히고 괴롭게 만드는 원인물을 악이라고 부른다. 악은 대체로 가장 손쉬운 길을 택하며 저급한 수준의 원리를 좇아 움직인다. 의식을 가진 인간이 본능에 따라서만 행동하는 것, 또는 협력이 요구되는 상황에서 사회적 존재가 타산적으로만 움직이는 것이 좋은 예다. 만일 과학자들이 파괴의 수단을 완성하는 데에만 전력투구한다면, 그들이 아무리 최첨단 지식을 동원한다고 하더라도 결국 엔트로피에 굴복하는 셈이 되고 만다. 엔트로피와 악에 저항하는 노력을 기울이지 않는다면 모든 체계는 엔트로피와 악으로 되돌아가려는 움직임을 보인다.

거기에 맞서는 것이 우리가 '선'이라고 부르는 힘이다. 선은 경직성에 빠지지 않으면서도 질서를 지켜나가려는 행위, 가장 발달된 체계의 요구에 따라 움직이는 행위를 말한다. 선은 미래, 공동의 선, 타인의 입장을 배려하는 행위를 뜻한다. 선은 타성을 창조적으로 극복하는 힘이오, 인간의 의식을 발전시키는 원동력이다. 새로운 조직 원리에 따라 움직인다는 건 항상 어려운 일이고 더 많은 노력과 에너지의 투입을 요구한다. 그것을 이루어내는 능력을 우리는 덕이라고 부른다.

엔트로피가 지배하도록 놓아두는 쪽이 훨씬 편한데 왜 우리는 굳이 덕을 추구해야 하는 것일까? 영생이 보장되는 것도 아닌데 왜 굳이 진화의 길을 선택해야 하는 것일까? 우리는 영생을 좀 더 거시적인 맥락에서 이해할 필요가 있다. 우리가 이 세상에서 하는 행동은 오래도록 울려퍼지면서 앞으로 펼쳐질 미래상에 영향을 미친다. 지금 우리가 갖고 있는 개인의식이 죽고 난 뒤 어딘가에 보존되든 아니면 깡그리 사라지든 부인할 수 없는 사실이 하나 있다. 그것은 나라는 존재가 전체 현실을 구성하는 씨줄과 날줄의 일부분으로서 영원히 남으리란 것이다. 우리가 생명의 미래에 더 많은 에너지를 투자할수록 우리는 그 생명의 일부분으로 확고히 자리 잡을 수 있게 된다. 거대한 진화의 틀 속에서 자신을 파악하는 사람의 의식은 작은 개울이 거대한 강물로 합류하듯이 우주와 하나가 된다.

생명의 흐름과 개인을 갈라놓는 것은 과거와 자아에 연연하고, 타성이 주는 안일함에 매달리는 태도다. 악마를 의미하는 'devil'이란 단어의 어원에서도 그 점을 확인할 수 있다. 'devil'

은 떼어내다, 동강 내다라는 뜻을 가진 그리스어 'diabollein'에서 온 말이다. 복잡성을 억눌러서 자꾸 단순한 것으로 토막 내는 게 악마의 주특기다.

물론 과학이 우리에게 장밋빛 미래상만 안겨준다고 볼 수는 없다. 이 세상에서 무의미한 우연성만 보고 절망감을 느끼는 사람도 있을 것이다. 사실 그러기가 더 쉬운지도 모른다. 쉽고 단순한 길로 움직이는 엔트로피의 법칙은 우리가 세상을 이해하는 방식에도 영향을 미치기 때문이다. 어떻게 하면 남들에 대한 책임감을 잃지 않으면서도 삶을 즐겁게 만드는 목표를 찾아낼 수 있을까? 우리는 이 장을 이런 질문과 함께 시작했다. 과학이 제공하는 낙관적 미래상을 받아들이는 것이 그 질문에 대한 하나의 답이 될 수 있다고 나는 생각한다. 진화의 큰 틀 안에서 일상생활의 의무에 집중할 때 맛보는 충실한 몰입 경험은 우주의 미래를 엮어나가기 위한 징검다리가 될 수 있을 것이다.

나는 스펜서 재단과 앨프리드 슬론 재단의 후원으로 진행한 연구 결과를 기초로 이 책을 집필했다. 수많은 동료와 제자들이 마음의 흐름을 연구하는 나의 작업에 값진 도움을 주었다. 그중에서도 유타대학의 케빈 라순드, 노스웨스턴대학의 새뮤얼 훼일런, 일본 시코쿠가쿠엔대학의 아사카와 기요시, 이탈리아 밀라노 대학의 파우스토 마시미니와 안토넬라 델레 파베, 이탈리아 페루자대학의 파올로 인길레리, 시카고대학에서 나와 함께 재직 중인 웬디 애들라이 게일, 조엘 헥트너, 나카무라 진, 존 패턴, 제니퍼 슈미트에게 감사의 뜻을 전한다. 깊은 우정으로 내게 과분한 도움을 준 찰스 비드웰, 윌리엄 데이먼, 하워드 가드너, 조프리 고드비, 엘리자베스 노엘레 노이만, 마크 룬코, 바바라 슈나이더에게 각별히 고마움을 전한다.

미하이 칙센트미하이

## 1. 일상의 구조

### p.7 오든(Auden)

오든의 시 세계와 그의 문학이 현대 문학에서 차지하는 비중에 대해서는 헤크트(1993)의 해설을 참조하라.

### p.11 체계적 현상학

이 책에서 펼치는 주장의 이론적, 경험적 바탕은 칙센트미하이 (1990, 1993), 칙센트미하이와 칙센트미하이(1988), 칙센트미하이 와 라순드(1993)에 소개되어 있다.

### p.12 개코원숭이

알트먼(1980)은 자연에서 유인원이 어떻게 살아가는지를 꼼꼼히 묘사하고 있다. 중세 프랑스 마을 농부들의 일상은 르 로이 라뒤 리(1979)가 보고하고 있다.

## p.13 일상생활의 다양한 모습

프랑스의 아날학파 역사가들은 다양한 시대의 보통 사람들이 살았던 모습을 연구하였다. 다비와 파주(1993)도 그중 하나이다.

## p.16 E. P. 톰슨(Thompson)

톰슨(1963)은 영국에서 산업화가 일상생활을 어떻게 변모시켰는가를 생동감 있게 묘사하고 있다.

## p.17 시간 배분

수렵 채집 생활을 하는 사람들이 생산 활동에 투자하는 시간의 양은 마셜 살린스(1972)가 추정하였다. 리와 드보어(1968)도 비슷한 결과를 보고한다. 18세기의 시간 배분 자료는 톰슨(1963)을, 최근의 시간 배분 자료는 스잘라이(1965)를 참고하라.

## p.18 표 1

여기서 제시한 수치는 다음 자료에서 얻은 것이다. 미국 성인이 어떻게 시간을 쪼개어 쓰는가에 대한 통계는 칙센트미하이와 그래프(1980), 칙센트미하이와 르페브르(1989), 커비와 칙센트미하이(1990), 라슨과 리처즈(1994)에 나와 있고, 청소년에 관한 통계는 비드웰 등(미간행), 칙센트미하이와 라슨(1984), 칙센트미하이, 라순드, 훼일런(1993)에 실려 있다.

## p.20 여자들은······ 화덕에 넣었다

허프턴(1993, 30쪽)에서 인용.

## p.21 여가

켈리(1982)는 여가의 역사를 상세히 설명한다.

## p.22 개인이 타인에게······ 다르다

매킴 매리오트(1976)는 사회 속에서 개인이 어떤 비중을 차지하는가에 대해 전통 힌두교 사회의 견해를 소개한다. 백인계와 아시아계 학생의 비교는 아사카와(1996)를 참조할 것.

### p.23 공적 영역

한나 아렌트(1956)는 개인이 성장하는 데 공적 영역이 얼마나 중요한 비중을 차지하는가를 논증한다.

### p.25 경험추출법(The Experience Sampling Method, ESM)

이 방법을 좀 더 자세히 알고 싶은 사람은 칙센트미하이와 라슨(1987), 모네이타와 칙센트미하이(1996)를 참고하라.

## 2. 경험의 내용

### p.28 아홉 개의 기본적 감정

다양한 문화에서 공통적으로 확인되는 중요한 감정은 즐거움, 노여움, 슬픔, 두려움, 호기심, 부끄러움, 죄의식, 질투심, 우울함이다(캄포스와 배럿 1984).

### p.28 유전적으로 마련된 기본 감정

비록 찰스 다윈도 감정은 생존 목적에 이바지하며 신체 기관과 마찬가지로 진화해왔다고 믿었지만 심리적 특성이 진화론적 관점에서 연구되기 시작한 것은 아주 최근에 들어와서다. 데이비드 버스(1994)가 선구적 업적을 남겼다.

### p.29 행복

행복을 본격적으로 파헤친 현대의 대표적 심리학자인 노먼 브래드번은 『심리적 안정의 구조(The Structure of Psychological Well-Being)』라는 책의 제목에 처음에는 행복(happiness)이라는 표현을 썼다가 과학적으로 모호하다는 인상을 줄까 봐 나중에 심리적 안정(Psychological Well-Being)이라는 표현으로 바꾸었다. 그 뒤를 이어 마이어스(1992), 마이어스와 디너(1995), 디너와 디너(1996)가 같은 주제를 광범위하게 연구하였다. 여기서 사람들은 대체로 자신의 삶에서 행복을 느낀다는 사실이 밝혀졌다. 리켄과 텔레겐(1996)의 연구도 참고할 만하다. 수입과 행복의 관계를 국제적으로 비교한 인겔하르트(1990)의 분석도 있다. 문제는 이러한 연구들이 자신의 행복에 대한 응답자의 전체적 평가에 의존하고 있다는 사실이다. 사람들은 자기가 어떤 인생을 살고 있건 대체로 그것을 만족스럽게 받아들이는 경향이 강하므로 이러한 방법은 한 개인이 꾸려가는 삶의 질에 이렇다 할 정보를 제공하지 못한다.

### p. 35 심리적 엔트로피

내면의 조화 상태를 묘사하는 심리적 엔트로피 및 이것과 짝을 이루는 심리적 반엔트로피는 칙센트미하이(1988, 1990), 칙센트미하이와 칙센트미하이(1988), 칙센트미하이와 라순드(미간행)에 묘사되어 있다.

### p. 35 자부심

자부심에 대한 윌리엄 제임스의 유명한 통찰은 제임스(1980)에 실려 있다. 인종 집단 사이의 자부심 차이에 대해서는 아사카와(1996)와 비드웰 등(미간행)을 참조하라. 취업 주부와 전업 주부 사이의 자부심 차이는 앤 웰스(1988)가 연구하였다.

### p. 38 사고의 인지적 과정

사고에서 관심이 차지하는 역할에 대해서는 칙센트미하이(1993)

를 보라. 예일대의 심리학자 제롬 싱어는 공상을 광범위하게 연구하였다(싱어 1966, 1980).

## p.40 지능의 다양성

하워드 가드너는 인간의 지능이 표현되는 일곱 가지 주요 형식을 분석하여 이 분야의 기틀을 닦았다.

## p.41 재능의 개발

재능을 개발하기 위하여 어떤 노력을 기울여야 하는가를 연구한 책은 벤저민 블룸(1985)과 칙센트미하이, 라순드, 훼일런(1993)이다.

## p.44 몰입 경험(The flow experience)

이 경험을 거론하는 주요 저작은 칙센트미하이(1975, 1990), 칙센트미하이와 칙센트미하이(1988), 모네이타와 칙센트미하이(1996)다. 좀 더 심층적인 연구서로는 애들라이 게일(1994), 최(1995), 헤인(1996), 헥트너(1996), 인길레리(1995)가 있다. "최적 경험"이나 "심리적 반엔트로피"라는 용어가 몰입 경험이라는 표현과 혼용되기도 한다.

## p.45 그림 1

이 그림은 칙센트미하이(1990), 마시미니와 카를리(1988)에서 나왔다. 이 방면에 대한 우리의 이해는 여러 번 바뀌었다. 새로운 경험적 사실이 수집되면서 예전의 가설을 수정할 수밖에 없었기 때문이다. 최근의 예를 들어보면 '느긋함'과 '권태'의 경험에서 약간의 변동이 확인되었다. 당초 나는 과제 난이도가 낮고 기량이 높을 때 권태를 느낄 것이라고 생각하였다. 그러나 애들라이 게일(1994), 칙센트미하이와 칙센트미하이(1988), 헥트너(1996) 등의 연구에 의하면 사람들은 그런 상황에서 느긋함을 느꼈고, 오히려 과제 난이도와 실력이 모두 낮은 상황에서 권태를 느낀다는 사실이 보고되었다.

### p.48 사람들은 얼마나 자주 몰입을 경험할까?

노엘레 노이만(1995)은 독일인의 몰입 경험을 심층적으로 연구하였다. 다양한 활동에서 나타나는 흥미로운 몰입 경험에 대한 보고는 다음을 참조하라. 글쓰기는 페리(1996), 컴퓨터는 트레비노와 트레비노(1992), 웹스터와 마르토키오(1993), 가르치기는 콜먼(1994), 읽기는 맥킬런과 콘드(1996), 관리는 루브리스, 크라우스, 셰퍼스(1995), 운동은 잭슨(1996), 스타인, 키미치크, 다니엘스, 잭슨(1995), 정원 가꾸기는 라이그베르크(1995).

## 3. 일과 감정

### p.55 정신병리학과 몰입

정신의학자인 마르텐 데브리스(1992)는 정신 질환을 앓는 환자가 실제로 어떤 느낌을 가지는지를 심층적으로 분석하여 그 과정에서 정신병리학의 통념을 뒤집는 새로운 발견을 이루어낸 연구자의 한 사람이다. 마시미니 교수의 주도 아래 밀라노대학의 연구진이 이 방면에서 이루어낸 성과에 대해서는 인길레리(1995), 마시미니와 인길레리(1986)를 참조하라.

### p.56 창조의 재능

리처드 스턴을 비롯하여 이 책의 후반부에 등장하는 인용문은 창조성에 관하여 최근에 내가 쓴 책에서 인용한 것이다(칙센트미하이 1996). 이 책은 우리가 몸담고 살아가는 문화에 새로운 기여를 한 91명의 예술가, 과학자, 정치인, 기업인과 가졌던 면담을 기초로 쓰였다. 몰입과 창조성의 관계에 대해서는 게오르크 클라인(1990)이 엮은 책도 요긴하다.

## p.56 고독

외로움의 해악에 대해서는 칙센트미하이와 라슨(1984), 라슨과 칙센트미하이(1978), 라슨, 마넬, 주자네크(1986)를 보라.

## p.58 여론 조사

행복감과 우정의 상관관계는 버트(1986)가 보고하고 있다.

## p.58 가족과 함께하는 경험

가족 성원 모두가 동시에 ESM 조사에 참여한 리드 라슨과 마리즈 리처즈의 최근 보고(라슨과 리처즈 1994)에서는 흥미로운 현상이 많이 발견됐다. 『갈라지는 현실(Divergent Realities)』이라는 저서명이 암시하듯 부모와 자녀는 집 안에서도 따로 지내는 경우가 대부분이었다.

## p.59 운전

운전을 할 때 만족감을 느끼는 사람이 아주 많다는 사실이 우리가 실시한 ESM 조사에서 밝혀졌다(칙센트미하이와 르페브르 1989).

## p.60 환경이 심리에 미치는 영향

주위 환경이 감정과 사고에 미치는 영향은 전반적으로 무시되고 있지만 그렇지 않은 예외적 연구서가 갤러거(1993)다. 칙센트미하이와 로시버그 할턴(1981)도 이 주제를 다루고 있다.

## p.62 일주일의 생활 리듬

미시건대학의 마리아 웡과 남캘리포니아대학의 신시아 헤드릭스가 작성한 미간행 연구 보고서에 이 주제를 다루고 있다. 일요일에 유달리 신체적 이상 증세를 호소하고 집중력을 요구하지 않는 상황에서도 비슷한 증세를 많이 호소하는 것으로 보아 어느 정도 일에 매여 있으면 고통을 잊는 효과가 나타난다는 사실을 알 수 있다.

## 4. 일의 역설

### p.65 일하고 싶어 하는 사람들

이 조사는 얀켈로비치(1981)에서 나온 것인데 다른 여러 나라에서도 비슷한 양상이 관찰되고 있다. 일에 대한 이중적 태도에 대해서는 칙센트미하이와 르페브르(1989)를 참조하라. 독일의 사회과학자들이 나눈 대화는 노엘레 노이만과 슈트룸펠(1984)에 수록되어 있다. 노엘레 노이만은 일하려는 의욕과 긍정적 생활 방식 간의 상관관계가 높게 나타나는 것은 일이 사람을 즐겁게 만드는 증거라고 보는 반면 슈트룸펠은 여가에 대한 선호가 전반적으로 높게 나타나는 것으로 보아 일은 사람을 불행하게 만든다고 주장한다.

### p.66 일의 역사

일의 역사적 변천에 대한 흥미로운 통찰은 브로델(1985), 리와 드보어(1968), 노르베르크(1993), 베인(1987)에 나와 있다.

### p.71 표 3

미국의 10대가 장래 직업과 관련하여 기술과 직업의식을 어떻게 습득하는가에 대한 통계 자료는 슬론 재단의 후원으로 미국 전역의 중고등학생 약 4,000명에 대하여 5년 동안에 걸쳐 이루어진 장기 연구 결과다(비드웰 등 1992). 일도 아니고 그렇다고 놀이도 아닌 어중간한 활동에서 비롯되는 부정적 경험은 제니퍼 슈미트(1997)가 심층적으로 분석하였다.

### p.75 여성과 노동

일에서 느끼는 남녀 차이는 라슨과 리처즈(1994)에 수록되어 있다. 앤 웰스(1988)는 정규직으로 근무하는 주부와 시간제로 일하는 주부의 자부심 차이를 연구하였다.

### p.77 실업

영국의 젊은 실업자를 대상으로 한 ESM 조사는 존 헤이워스(헤이워스와 더커 1991)에 의하여 이루어졌다. 실업에 대한 국제적 비교 조사는 인겔하르트(1990)에 실려 있다.

## 5. 여가는 기회이며 동시에 함정

### p.84 여가의 위험성

정신의학자들의 경고는 『정신의학(Psychiatry)』(1958)에 나와 있고 비슷한 주장은 거슨(1967), 커비와 칙센트미하이(1990)를 보라.

### p.85 일요신경증

페렌치(1950)에 나와 있다. 또 보이어(1955)와 캐틀(1955)도 참고하라.

### p.90 독서

책을 즐겨 읽는 사람과 TV를 즐겨 보는 사람의 차이는 노엘레노이만(1996)이 보고한다.

### p. 91 헤로도토스

『페르시아 전쟁사(Persian Wars)』 1권 94장을 보라.

### p. 92 여가와 문화적 쇠락

역사적 증거에 대해서는 켈리(1982)를 보라. 현대의 비교 문화 자료는 인길레리(1993)를 참고하라.

### p. 94 여가 중심의 생활

멕베스의 연구는 맥베스(1988)에 수록되어 있다. 대양 항해가의 발언은 퍼시그(1977)에서 따왔고 암벽 등반가의 발언은 칙센트미하이(1975)에서 따왔다.

### p. 98 에너지 사용과 여가

여가에서 재생 불가능한 에너지를 사용하는 것이 여자에게는 행복과 반비례한다는 사실은 그래프 등(1981)에서 보고되고 있다.


## 6. 인간관계와 삶의 질

### p. 102 인간관계의 심리적 효과

이 대목은 르윈존(1982)의 연구에서 인용하였다.

### p. 104 사회에 무게를 두는 비서구 사회

인도에서 사회적 그물망에 소속되는 것의 중요성은 하트(1992), 카카르(1978), 매리오트(1976)가, 일본의 경우는 아사카와(1996), 리브라(1976), 마커스와 기타야마(1991)가 논의한다.

### p. 106 친구

만족스러운 삶에서 친구가 가지는 중요성은 마이어스(1992)를 보라.

### p.109 섹스

진화 과정에서 성과 관련된 우리의 감정, 태도, 행동을 형성시킨 다양한 선택적 압력에 대해서는 버스(1994)를 보라. 싱어(1966)는 성의 문화사를 탐구하고 마르쿠제(1955)는 성의 착취를 논의한다.

### p.112 가족

중세의 가족 구성은 르 로이 라뒤리(1979)가 묘사한다. 다른 형태의 가족 형태는 에드워즈(1969), 헐리히(1985), 미테라우어와 지더(1982)가 논의한다.

### p.114 가족의 분위기

이미 여러 차례 언급한 라슨과 리처즈(1994)의 연구에서 나온 결과다.

### p.116 복합적인 가정

복합성이라는 이론적 개념을 가족에 적용한 연구자는 케빈 라슨드다. 또 캐롤, 슈나이더, 칙센트미하이(1996), 칙센트미하이와 라슨드(1993), 칙센트미하이와 라슨드(미간행), 황(1996)도 이 개념을 활용하고 있다.

### p.117 마귀와 고독

도부족의 집단적 망상은 리오 포춘([1932] 1963)이 묘사한다. 대화가 현실의 유지 기능을 갖는다는 사실에 착안한 사회학자는 피터 버거와 토머스 루크먼(1967)이다.

### p.118 호젓한 정경의 매력

이 조사는 노엘레 노이만과 코허(1993, 504쪽)가 수행하였다.

### p.119 재능과 고독

혼자 있는 걸 견디지 못하는 학생은 재능을 개발하는 데 어려움을 겪는다는 통계 수치는 칙센트미하이, 라순드, 훼일런(1993)에 나와 있다.

**p.120 이방인에 대한 두려움**

프랑스의 역사가 필립 아리에스는 파리에서 중세의 학생들이 겪었던 고초를 묘사하였다(아리에스 1962). 17세기에 노상에서 여성들이 위협을 받았다는 이야기는 노르베르크(1993)를 보라.

**p.121 행동력**

한나 아렌트(1956)는 행동적 삶과 반성적 삶을 세계관의 차이로 대비시키고 있다. '내부 중심'의 삶과 '외부 중심'의 삶을 구분한 것은 리즈먼, 글레이저, 데니(1950)이다. 카를 융(1954)은 '내향형'과 '외향형'이라는 유형을 개발하였다. 이것이 현재 어떻게 측정되고 있는가에 대해서는 코스타와 머크레이(1984)를 보라.

**p.122 외향형이 행복한가**

외향적인 사람이 더 만족스러운 삶을 살아간다는 연구 보고는 마이어스(1992)에 나와 있다.


## 7. 삶의 패턴을 바꾼다

**p.127 몰입 경험을 못하는 사람들**

이 통계 수치에 대해서는 2장의 마지막 주를 참조하라.

**p.128 그람시(Gramsci)**

이 이탈리아 정치 이론가의 전기 가운데 일독을 권할 만한 것은 피오레(1973)다.

### p.131 몰입 빈도

여기서는 조엘 헥트너(1996)의 연구를 소개했다.

### p.132 직장 일이 고역인 까닭

이것은 콜로라도 주 베일에서 시카고대학이 주관한 하계 연수 프로그램에서 내가 여러 해 동안 기업체 간부들과 상담한 끝에 얻어낸 결론이다.

### p.134 남에게 헌신하는 삶

남달리 예민한 윤리 의식을 가졌던 사람들의 일대기는 콜비와 데이먼(1992)이 모아놓았다.

### p.135 직업을 가치 있게 만드는 길

자기가 하는 일에 긍지를 가진 직장인들의 내면세계는 스터즈 터클(1974)이 취합한 일련의 면담에서 가장 먼저 통찰력 있게 묘사되고 있다.

### p.138 스트레스와 부담

생리학자 한스 셀리에는 감당할 수 있는 스트레스가 유기체에 미치는 긍정적 영향을 처음으로 확인하였다. 갈등에 맞설 수 있는 최선의 심리적 대응은 널리 연구되고 있다(셀리에 1956).

### p.148 가족 관계에 몰입하기

자녀와 놀이를 할 때 어머니가 느끼는 즐거움은 앨리슨과 덩컨(1988)에서 인용하였다.


## 8. 자기목적성을 가진 사람

### p.152 내가 하는…… 않을까

이 대목은 앨리슨과 덩컨(1988)에서 인용하였다.

## p.160 사회적 미숙

발생학에서 말하는 미숙은 인간의 유아가 여타의 유인원이나 포유류에 비하여 발달이 늦은 상태를 지칭한다. 하지만 그 덕분에 태아는 자궁에 고립되어 있지 않고 환경과 교섭을 가지면서 신경계가 성숙함에 따라 많은 학습을 할 수 있다(러너 1984). 이 개념을 확대한 사회적 미숙이라는 표현은 아이가 성장할 때까지 가정 안에서 보호받는 기간이 길어질 때 여러 모로 득이 된다는 사실을 잘 나타낸다.

## p.167 관심

관심을 적절하게 배분하는 것은 책임 있는 인생을 살아가는 데 무척 중요하다. 칙센트미하이(1978, 1993)를 참고하라.

## p.168 장애자의 적응

파우스토 마시미니가 이끄는 밀라노대학의 연구진은 사고로 하반신이 마비되었거나 앞을 못 보는 수많은 사람들을 면담하였다(네그리, 마시미니, 델레 파베 1992). 일반인의 예상과는 달리 이들은 대부분 사고를 당하기 전보다 오히려 인생을 충실하게 살아가고 있었다. 디너와 디너(1996)도 참고하라. 반면에 복권에 당첨된 사람들에 대한 연구(브리크먼, 코티스, 야노프불만 1978)는 횡재가 사람을 행복하게 만들지 못한다는 점을 시사한다. 삶의 질은 내가 무슨 일을 당하느냐가 아니라 내가 무슨 일을 하느냐에 달려 있다는 선인들의 말이 옳다는 것을 알 수 있다.

## 9. 운명애

### p.171 공동체와 개인

벨라 등(1985, 1991)과 래시(1990)는 공동체의 가치와 무관하게 살아가는 개인들이 늘어나는 현상을 예리하게 지적하고 있다. 마시미니와 델레 파베(1991)는 낡은 가치 규범이 실효성을 잃은 상황에서 새로운 가치 규범을 창출할 필요가 있다고 역설한다.

### p.172 자아

칙센트미하이(1993)는 자아의 진화 역정을 인식론과 존재론의 차원에서 간략히 묘사하고 있다.

### p.179 니체의 운명애

니체([1882] 1974)에 수록. 동일한 주제에 대한 매슬로의 견해는 매슬로(1971)를, 로저스의 견해는 로저스(1969)를 보라.

### p.181 오펜하이머(R. J. Oppenheimer)

파괴적 행동에 사람들이 쉽게 몰입하는 현상의 문제점은 칙센트미하이(1985), 칙센트미하이와 라슨(1978)이 지적하고 있다.

### p.185 진화

인간의 문화를 새로운 진화론적 관점으로 이해한 선구자로는 베르그송(1944), 캠벨(1976), J. 헉슬리(1947), T. H. 헉슬리(1984), 존스턴(1984), 테야르 드 샤르댕(1965)이 있다.

### p.189 선과 악

진화론적 관점에서 본 선과 악의 문제는 알렉산더(1987), 버호(1986), 캠벨(1975), 윌리엄스(1988)가 논의한다.

Adlai-Gail, W. S. 1994. *Exploring the autotelic personality.* Ph.D. diss., University of Chicago.

Alexander, R. D. 1987. *The biology of moral systems.* New York : Aldine De Gruyter.

Allison, M.T., and M. C. Duncan. 1988. Women, work, and flow. In *Optimal Experience : Psychological studies of flow in consciousness,* edited by M. Csikszentmihalyi and I. S. Csikszentmihalyi, New York : Cambridge University Press, pp. 118-137.

Altmann, J. 1980. *Baboon mothers and infants,* Cambridge, Mass.: Harvard University Press.

Arendt, H. 1956. *The human condition. Chicago* : University of

Chicago Press.

Aries, P, 1962. *Centuries of childhood.* New York : Vintage.

Asakawa, K. 1996. *The experience of interdependence and independence in the self-construal of Asian American and Caucasian American adolescents.* Ph.D. diss., University of Chicago.

Bellah, R, N., R, Madsen, W. M. Sullivan, A. Swidler, and S. M. Tipton, 1985. *Patterns of the heart.* Berkeley, Calif. : University of California Press.

———. 1991. *The good society.* New York : Alfred A. Knopf.

Berger, P, L., and T, Luckmann, 1967, *The social construction of reality.* Garden City, N. Y. : Anchor Books.

Bergson, H. 1944. *Creative evolution.* New York : The Modern Library.

Bidwell, C., M. Csikszentmihalyi, L, Hedges, and B. Schneider, In press. *Attitudes and experiences of work for American adolescents.* New York : Cambridge University Press.

———. 1992, *Studying Career Choice.* Chicago : NORC.

Bloom, B. S., ed. 1985, *Developing talent in young people.* New York : Ballantine.

Boyer, L. B. 1955. Christmas neurosis. *Journal of the American Psychoanalytic Association* 3 : 467–488.

Bradburn, N. 1969. *The structure of psychological well-being.* Chicago : Aldine.

Braudel, F. 1985. *The structures of everyday life*. Translated by S. Reynolds. New York : Harper and Row.

Brickman, P., D. Coates, and R. Janoff-Bulman. 1978. Lottery winners and accident victims : Is happiness relative? *Journal of Personality and Social Psychology* 36, no. 8 : 917-927.

Burhoe, R. W. 1986. War, peace, and religion's biocultural evolution. *Zygon* 21 : 439-472.

Burt, R. S. 1986. *Strangers, friends, and happiness*. GSS Technical Report No. 72. University of Chicago, NORC.

Buss, D. M. 1994. *The evolution of desire*. New York : Basic Books.

Campbell, D. T. 1975. On the conflicts between biological and social evolution and between psychology and moral tradition. *American Psychologist* 30 : 1103-1126.

Campbell, D. T. 1976. Evolutionary epistemology. In *The Library of Living Philosophers : Karl Popper*, edited by D. A. Schlipp. La Salle, Ill. : Open Court, pp. 413-463.

Campos, J. J., and K. C. Barrett. 1984. Toward a new understanding of emotions and their development. In *Emotions, cognition, and behavior*, edited by C. E, Izard, J. Kagan, and R. B. Zajonc. Cambridge, UK : Cambridge University Press, pp. 229-263.

Carroll, M. E., B. Schneider, and M. Csikszentmihalyi. 1996. *The effects of family dynamics on adolescents' expectations*.

Paper submitted for publication. The University of Chicago.

Cattell, J. P. 1955. The holiday syndrome. *Psychoanalytic Review* 42 : 39-43.

Choe, I. 1995. *Motivation, subjective experience, and academic achievement in Korean high school students.* Ph.D. diss., University of Chicago.

Colby, A., and W. Damon, 1992. *Some do care.* New York : The Free Press.

Coleman, L. J. 1994. Being a teacher : Emotions and optimal experience while teaching gifted children. *Gifted Child Quarterly* 38, no. 3 : 146-152.

Costa, P. T. J., and R. R. McCrae. 1984. Personality as a lifelong determinant of well-being. In *Emotion in adult development,* edited by C. Z. Malatesta and C. E. Izard. Newbury Park, Calif : Sage.

Csikszentmihalyi, M. 1975. *Beyond boredom and anxiety,* San Francisco : Jossey-Bass.

——. 1978. Attention and the wholistic approach to behavior. In *The Stream of Consciousness,* edited by K. S. Pope and J. L. Singer. New York : Plenum, pp. 335-358.

——. 1985. Reflections on enjoyment. *Perspectives in Biology and Medicine* 28. no.4 : 469-497.

——. 1988. Motivation and creativity : Toward a synthesis of structural and energetic approaches to cognition. *New Ideas in Psychology* 6, no, 2 : 159-176.

——. 1990, Flow : *The Psychology of optimal experience.* New York : Harper and Row.

——. 1993. *The evolving self : A psychology for the third millennium.* New York HarperCollins.

——. 1996 *Creativity : Flow and the psychology of discovery and invention.* New York : HarperCollins.

Csikszentmihalyi, M., and I. S. Csikszentmihalyi, eds. 1988. *Optimal experience : Psychological studies of flow in consciousness.* New York : Cambridge University Press.

Csikszentmihalyi, M., and R. Graef, 1980. The experience of freedom in daily life. *American Journal of Community Psychology* 8 : 401-414.

Csikszentmihalyi, M., and R. Larson 1978. Intrinsic rewards in school crime. *Crime and delinquency* 24, no. 3 : 322-335.

——. 1984. *Being adolescent.* New York : Basic Books.

——. 1987. Validity and reliability of the experience sampling method. *Journal of Nervous and Mental Disease* 175. no. 9 : 526-536.

Csikszentmihalyi, M., and J. LeFevre, 1989. Optimal experience in work and leisure. *Journal of Personality and Social Psychology* 56, no. 5 : 815-822.

Csikszentmihalyi, M., and K. Rathunde. 1993. The measurement of flow in everyday life. In *Nebraska*

*Symposium on Motivation* 40 : 58-97. Lincoln, Neb. : University of Nebraska Press.

———. In press. The development of the person : An experiential perspective on the ontogenesis of psychological complexity. In *Theoretical Models of Human Development*, edited by R. M. Lerner, Vol. I, *Handbook of Child Development*. New York : Wiley.

Csikszentmihalyi, M., and E. Rochberg-Halton. 1981. *The meaning of things : Domestic symbols and the self.* New York : Cambridge University Press.

Csikszentmihalyi, M., K. Rathunde, and S. Whalen. 1993. *Talented teenagers : The roots of success and failure.* New York : Cambridge University Press.

Davis, N. Z., and A. Farge, eds. 1993. *A history of women in the West.* Cambridge, Mass. : Harvard University Press.

Delle Fave, A., and F. Massimini, 1988. The changing contexts of flow in work and leisure. In *Optimal experience : Psychological studies of flow in consciousness*, edited by M. Csikszentmihalyi and I. S. Csikszentmihalyi, New York : Cambridge University Press, pp. 193-214.

deVries, M., ed. 1992. *The experience of psychopathology.* Cambridge, UK : Cambridge University Press.

Diener, E., and C. Diener, 1996. Most people are happy. *Psychological Science* 7, no. 3 : 181-184.

Edwards, J. N., ed. 1969. *The family and change*. New York : Alfred A. Knopf.

Ferenczi, S. 1950. Sunday neuroses. In *Further contributions to the theory and techniques of psychoanalysis*, edited by S. Ferenczi, 174-177. London : Hogarth Press.

Fiore, G. 1973. Antonio Gramsci : *Life of a revolutionary*. New York : Schocken Books.

Fortune, R, F. [1932] 1963. *Sorcerers of Dobu*. New York : Dutton.

Gallagher, W. 1993. *The power of place : How our surroundings shape our thoughts, emotions, and actions*. New York : Poseidon Press.

Gardner, H. 1983. *Frames of mind : The theory of multiple intelligences*. New York : Basic Books.

Graef, R., S. McManama Gianinno, and M. Csikszentmihalyi. 1981. Energy consumption in leisure and perceived happiness. In *Consumers and energy conservation*, edited by J. D. Claxton et al. New York : Praeger.

Gussen, J. 1967. The psychodynamics of leisure. In *Leisure and mental health : A psychiatric viewpoint*, edited by P. A. Martin, Washington, D. C. : American Psychiatric Association.

Hart, L. M. 1992. Ritual art and the production of Hindu selves. *American Anthropological Association Meetings*. San

Francisco, Calif.

Haworth, J. T., and J. Ducker. 1991. Psychological well-being and access to categories of experience in unemployed young adults. *Leisure Studies* 10 : 265-274.

Hecht, A. 1993. *The hidden law : The poetry of W. H. Auden.* Cambridge, Mass. : Harvard University Press.

Hedricks, C. In press. The ecology of pain in Latina and Caucasian women with metastatic breast cancer : A pilot study. In *11th Biannual meeting of the Society for Menstrual Cycle Research*, edited by J. Chrisler.

Heine, C. 1996. *Flow and achievement in mathematics.* Ph.D. diss., University of Chicago.

Hektner, J. M. 1996. *Exploring optimal personality development* : A longitudinal study of adolescents. Ph.D. diss., University of Chicago.

Herlihy, D. 1985. *Medieval households.* Cambridge, Mass. : Harvard University Press.

Huang, M, P. -L. 1996, *Family context and social development in adolescence.* Ph.D. diss., University of Chicago.

Hufton, O. 1993. Women, work, and family. In *A history of women in the West*, edited by N. Zemon Davis and A. Farge. Cambridge, Mass, : Harvard University Press, pp. 15-45.

Huxley, J. 1947. *Evolution and ethics.* London : Pilot Press.

Huxley, T. H. 1894. *Evolution and ethics and other essays.* New

York : Appleton.

Inghilleri, P. 1993. Selezione psicologica bi-culturale : Verso l'aumento della complessità individuale e sociale. Il caso dei Navajo. In *La selezione psicologica umana*, edited by F, Massimini and P. Inghilleri. Milan : Cooperative Libraria Iulm.

Inghilleri, P. 1995. *Esperienza soggettiva, personalita, evoluzione culturale*. Turin, Italy : UTET.

Inglehart, R. 1990. *Culture shift in advanced industrial society*. Princeton : Princeton University Press.

Jackson, S. A, In press. Toward a conceptual understanding of the flow experience in elite athletes. *Research quarterly for exercise and sport*.

James, W. 1890. *Principles of psychology*. New York : Henry Holt.

Johnston, C. M. 1984. *The creative imperative : Human growth and planetary evolution*. Berkeley, Calif. : Celestial Arts.

Jung, C. G. 1954. *The development of personality*. New York : Pantheon.

Kakar, S. 1978. *The inner world : A psychoanalytic study of childhood and society in India*. New Delhi : Oxford University Press.

Kelly, J. R. 1982. *Leisure*. Englewood Cliffs, N. J. : Prentice-Hall.

Klein, G., ed. 1990. *Om kreativitet och flow*. Stockholm,

Sweden : Brombergs.

Kubey, R., and M. Csikszentmihalyi. 1990. *Television and the quality of life. Hillsdale*, N. J. : Lawrence Erlbaum.

Larson, R., and M. Csikszentmihalyi, 1978. Experiential correlates of solitude in adolescence. *Journal of Personality* 46, no. 4 : 677-693.

Larson, R., and M. H. Richards, 1994. *Divergent realities : The emotional lives of mothers, fathers, and adolescents.* New York : Basic Books.

Larson, R., R. Mannell, and J. Zuzanek. 1986. Daily well-being of older adults with family and friends. *Psychology and Aging and Aging* 12 : 117-126.

Lash, C. 1990, *The true and only heaven : Progress and its critics.* New York : Norton.

Le Roy Ladurie, E. 1979. *Montaillou.* New York : Vintage.

Lebra, T. S. 1976. *Japanese patterns of behavior.* Honolulu : University of Hawaii Press.

Lee, R, B., and I. DeVore, eds, 1968. *Man the hunter.* Chicago : Aldine.

Lerner, R. M. 1984. *On the nature of human plasticity.* New York : Cambridge University Press.

Lewinsohn, P. M. 1982. Behavioral therapy : Clinical applications. In *short-term therapies for depression,* edited by A. J. Rush. New York : Guilford.

Loubris, S., F. Crous, and J. M. Schepers, 1995. Management by objectives in relation to optimal experience in the workplace. *Journal of Industrial Psychology* 21, no. 2 : 12-17.

Lykken, D., and A. Tellegen. 1996. Happiness is a stochastic phenomenon, *Psychological Science* 7, no. 3 : 186-189.

Macbeth, J. 1988. Ocean cruising. In *optimal experience : Psychological studies of flow in consciousness*, edited by M. Csikszentmihalyi and I. S. Csikszentmihalyi. New York : Cambridge University Press, pp. 214-231.

Marcuse, H. 1955. *Eros and civilisation*. Boston : Beacon.

Markus, H. R., and S. Kitayama. 1991. Culture and self : Implications for cognition, emotion, and motivation. Psychological Review 98, no. 2 : 224-253.

Marriott, M. 1976. Hindu transactions : Diversity without dualism. In *Transaction and meaning : Directions in the anthropology of exchange and symbolic behavior*, edited by B. Kepferer. Philadelphia : ISHI Publications.

Maslow, A. 1971. *The farther reaches of human nature*. New York : Viking.

Massimini, F., and M. Carli. 1988. The systematic assessment of flow in daily experience. In *Optimal experience : Psychological studies of flow in consciousness*, edited by M. Csikszentmihalyi and I. S. Csikszentmihalyi. New York : Cambridge University Press, pp. 266-287.

Massimini, F., and A. Delle Fave. 1991. Religion and cultural evolution. *Zygon* 16, no. 1 : 27-48.

Massimini, F., and P. Inghilleri, eds. 1986. *L'esperienza quotidiana : Teoria e metodi d'analisi.* Milan : Franco Angeli.

McQuillan, J., and G. Conde, 1996. The conditions of flow in reading : Two studies of optimal experience. *Reading Psychology* 17 : 109-135.

Mitterauer, M., and R. Sieder. 1982. *The European family.* Chicago : University of Chicago Press.

Moneta, G. B., and M. Csikszentmihalyi, 1996. The effect of perceived challenges and skills on the quality of subjective experience. *Journal of Personality* 64, no. 2 : 275-310.

Myers, D. G. 1992. *The Pursuit of Happiness.* New York : Morrow.

Myers, D. G., and E. Diener. 1995. Who is happy? *Psychological Science* 6 : 10-19.

Negri, P., F. Massimini, and A. Delle Fave. 1992. Tema di vita e strategie adattive nei non vedenti. In *Vedere con la mente,* edited by D. Galati. Milan, Italy : Franco Angeli.

Nietzsche, F. [1882] 1974. *The gay science.* New York : Vintage.

Noelle-Neumann, E. 1995. *AWA Spring Survey.* Allensbach Institute für Demoskopie.

———. 1996. Stationen der Glucksforschung. In *Leseglück : Eine vergessene Erfahrung?,* edited by A. Bellebaum and L. Muth.

Opladen : Westdeutscher Verlag, pp. 15-56.

Noelle-Neumann, E., and R. Kocher, eds. 1993. *Allensbacher Jahrbuch der Demoskopie* 1984-1992. Munich, Germany : K. G. Saur.

Noelle-Neumann, E., and b. Strumpel. 1984. Macht Arbeit *Krank? Macht Arbeit glüchlich?* Münich : Pieper Verlag.

Norberg, K. 1993. Prostitutes. In *A history of women in the West*, edited by N. Zemon Davis and A. Farge, Cambridge, Mass. : Harvard University Press, pp. 458-474.

Perry, S. K. 1996. *When time stops : How creative writers experience entry into the flow state.* Ph.D. diss., The Fielding Institute.

Pirsig, R. 1977. Cruising blues and their cure. *Esquire* 87, no. 5 : 65-68.

Psychiatry, Group for the Advancement of. 1958. The *psychiatrists' interest in leisure-time activities*, no. 39.

Rathunde, K. In press. Family context and talented adolescents' optimal experience in productive activities. *Journal of research in adolescence.*

Reigberg, D. 1995. *Glück in Garten-Erfolg im Markt.* Offenburg, Germany : Senator Verlag.

Riesman, D., N. Glazer, and R. Denney. 1950. *The lonely crowd.* New York : Doubleday.

Rogers, C. 1969. *Freedom to learn.* Columbus, Ohio : Charles

Merrill.

Sahlins, M. D. 1972. *Stone Age economics*. Chicago : Aldine Press.

Schmidt, J. 1997. Workers and players : Exploring involvement levels and experience of adolescents in work and play. Meetings of the *American Educational Research Association*. Boston, Mass.

Selye, H. 1956. *The stress of life*. New York : McGraw-Hill.

Singer, I. 1966. *The nature of love*. 3 vols. Chicago University of Chicago Press.

Singer, J. L. 1966. *Daydreaming : An introduction to the experimental study of inner experience*. New York : Random House.

———. 1981. *Daydreaming and fantasy*. Oxford UK : Oxford University Press.

Stein, G. L., J. C. Kimiecik, J. Daniels, and S. A. Jackson, 1995. Psychological antecedents of flow in recreational sports. *Personality and social psychology bulletin* 21, no. 2 : 125-135.

Szalai, A., ed. 1965. *The use of time : Daily activities of urban and suburban populations in twelve countries*. Paris : Mouton.

Teilhard de Chardin, P. 1965. *The phenomenon of man*. New York : Harper and Row.

Terkel, S. 1974. *Working*. New York : Pantheon.

Thompson, E. P. 1963. *The making of the English working class*. New York : Viking.

Trevino L. K., and J. W. Trevino, 1992. Flow in computer-mediated communication, *Communication Research* 19, no, 5 : 539-573.

Veyne, P. 1987. The Roman Empire. In *From Pagan Rome to Byzantium*, edited by P. Veyne. Cambridge, Mass : The Belknap Press, pp. 5-230.

Webster, J., and J. J. Martocchio. 1993. Turning work into play : Implications for microcomputer software training. *Journal of Management* 19, no. 1 : 127-146.

Wells, A. 1988. Self-esteem and optimal experience. In *Optimal Experience : Psychological studies of flow in consciousness*, edited by M. Csikszentmihalyi and I. S. Csikszentmihalyi. New York : Cambridge University Press, pp. 327-341.

Williams, G. C. 1988. Huxley's "Evolution and ethics" in sociobiological perspective. *Zygon* 23, no. 4 : 383-407.

Yankelovich, D. 1981. New rules in American life : Searching for self-fulfillment in a world turned upside-down. *Psychology Today* 15, no. 4 : 35-91.

# 몰입의 발견

현대인은 육체와 정신의 건강을 지키기에 혈안이 되어 있는지도 모른다. 몸과 마음의 건강을 유지하는 비결을 설파하는 지침서는 날개 돋친 듯 팔려나간다. 그러나 이런 지침서들은 현실을 깊이 파고들지 않는다. 독자들이 듣고 싶어 하는 이야기를 묵직한 단어로 포장하여 내밀 뿐이다. 그런 책들은 현실을 덮고 있는 말들을 스쳐서 지나간다.

이 책은 진부한 정신 건강 지침서들과는 달리 일상 현실에서 출발한다. 현실을 덮고 있는 말들을 걷어내고 현실 자체에 과학적이고 구체적으로 접근한다.

저자는 삶을 사랑하라는 감미로운 교시를 내리지 않는다. 나 자신을 긍정하라는 공허한 구호를 되뇌지도 않는다. 그 대신, 우리가 지금 하는 일에 몰입하라고 말한다. 아무리 하잘 것 없는 일이라 하더라도 그 일에 몰입할 수 있어야만 우리의 삶은 달라질 수 있다고 강조한다.

그러나 몰입이 저절로 행복을 보장하지는 않는다. 자신보다 더 위대하고 항구적인 무언가에 소속되어 있다는 느낌을 갖지 못하는 사람은 진정으로 충실한 삶을 살아가지 못한다. 그래서 사람들은 사이비 종교에 몰입하고 파시즘에 몰입한다.

우주를 지배하는 것은 무질서로 돌아가려는 힘, 곧 엔트로피의 원리다. 엔트로피의 원리는 이를테면 악의 원리다. 한 사람의 영혼이나 공동체를 어지럽히는 힘을 악이라고 부를 때 악은 대체로 가장 손쉬운 길을 택하고 저급한 논리를 따라서 움직인다. 엔트로피와 악에 저항하려는 노력을 하지 않으면 모든 체계는 엔트로피와 악으로 되돌아가려는 움직임을 보인다.

여기에 맞서는 것이 우리가 선이라고 부르는 힘이다.

엔트로피의 원리에 맞서 복잡성을 발전시켜온 진화의 원리, 이것이 바로 우주를 지배하는 또 하나의 힘이며 저자가 신뢰하는 선의 원리다.

이것은 중력의 하강 법칙에 저항하는 은총의 상승 법칙을 희구했던 프랑스의 철학자 시몬 베이유를 연상케 한다. 그러나 사람이 잠시 방심하여 자기만족과 자기과시에 빠질 때 우리가 선이라고 믿었던 것은 한순간에 악이 될 수도 있다. 그래서 저자는 "우주의 미래가 내 한 손에 달려 있다는 생각을 한시도 접지 말되, 내가 하는 일이 대단한 일이라는 생각이 고개를 들 때마다 그걸 비웃어라"는 불가의 가르침을 역설한다.

이 책을 쓴 미하이 칙센트미하이는 시카고대학에서 심리학을 가르치면서 작가와 번역자로서도 왕성한 활동을 펼치고 있다. 이 책은 그가 1997년에 발표한 『Finding Flow』를 우리말로 옮긴 것이다.

이희재

**몰입의 즐거움**

초판 1쇄 인쇄 2005년 12월 20일
초판 42쇄 인쇄 2007년 11월 5일
개정판 1쇄 2007년 11월 20일
개정판 53쇄 2024년 4월 30일

**지은이** | 미하이 칙센트미하이
**옮긴이** | 이희재
**펴낸이** | 송영석

**주간** | 이혜진
**편집장** | 박신애 **기획편집** | 최예은 · 조아혜 · 정엄지
**디자인** | 박윤정 · 유보람
**마케팅** | 김유종 · 한승민
**관리** | 송우석 · 전지연 · 채경민

**펴낸곳** | (株)해냄출판사
**등록번호** | 제10-229호
**등록일자** | 1988년 5월 11일(설립일자 | 1983년 6월 24일)

04042 서울시 마포구 잔다리로 30 해냄빌딩 5 · 6층
**대표전화** | 326-1600 **팩스** | 326-1624
**홈페이지** | www.hainaim.com

ISBN 978-89-7337-886-9

Finding *Flow*